和平教育
PEACE EDUCATION
刘成 主编

UNESCO Chair on Peace Studies
NANJING UNIVERSITY
People's Republic of China

本报告由A. S. 巴拉索日亚教授撰写，在联合国教科文组织资助下出版。

2001年1月3—5日，联合国教科文组织于斯里兰卡首都科伦坡举行区域研讨会，与会人员提供的资料均收录于此报告中。

LEARNING THE WAY
OF PEACE: A TEACHERS' GUIDE
TO PEACE EDUCATION

中小学和平教育
教师指南

联合国教科文组织　编

阮岳湘　译

南京师范大学出版社

图书在版编目（CIP）数据

中小学和平教育教师指南 / 联合国教科文组织编；
阮岳湘译. -- 南京：南京师范大学出版社，2024.4
（和平教育书系 / 刘成主编）
书名原文：Learning the Way of Peace: A Teachers' Guide to Peace Education
ISBN 978-7-5651-5488-1

Ⅰ. ①中… Ⅱ. ①联… ②阮… Ⅲ. ①和平学—教学研究—中小学 Ⅳ. ①G633.202

中国版本图书馆 CIP 数据核字（2022）第 193358 号

Original Title: Learning the Way of Peace: A Teachers' Guide to Peace Education
First published by the United Nations Educational, Scientific and Cultural Organization (UNESCO), 7, place de Fontenoy, 75352 Paris 07 SP, France. © UNESCO 2001
Simplified Chinese Translation Copyright © 2024 Nanjing Normal University Press.
The present edition has been published by Nanjing Normal University Press, by arrangement with UNESCO.
本出版物所用名称及其材料的编制方式并不意味着教科文组织对于任何国家、领土、城市、地区或其当局的法律地位，或对于其边界或界线的划分，表示任何意见。
本出版物表达的是作者的看法和意见，而不一定是教科文组织的看法和意见，因此本组织对此不承担责任。
This translation was not created by UNESCO and should not be considered an official UNESCO translation and thus it is not responsible for the content or accuracy of this translation.
该文本并非由联合国教科文组织（UNESCO）翻译而成，因此不应被视为官方的联合国教科文组织翻译版本；联合国教科文组织对此翻译的内容或准确性不承担责任。
The present translation has been prepared under the responsibility Nanjing Normal University Press.
All rights reserved.
本书简体中文版经授权由南京师范大学出版社出版发行
著作权合同登记号　图字：10-2022-198

丛　书　名	和平教育书系
丛书主编	刘　成
书　　　名	中小学和平教育教师指南
编　　　者	联合国教科文组织
译　　　者	阮岳湘
策划编辑	郑海燕　刘双双
责任编辑	王雅琼
书籍设计	瀚清堂 | 李木以　陈冰菁
出版发行	南京师范大学出版社
地　　　址	江苏省南京市玄武区后宰门西村 9 号（邮编：210016）
电　　　话	(025)83598712（编辑部）83598919（总编办）83598312（营销部）
网　　　址	http://press.njnu.edu.cn
电子信箱	nspzbb@njnu.edu.cn
印　　　刷	南京新世纪联盟印务有限公司
开　　　本	787 毫米 ×1092 毫米　1/16
印　　　张	20.75　字　数　258 千
版　　　次	2024 年 4 月第 1 版
印　　　次	2024 年 4 月第 1 版印刷
书　　　号	ISBN 978-7-5651-5488-1
定　　　价	78.00 元

出 版 人　张　鹏

*　南京师大版图书若有印装问题请与销售商调换
*　版权所有　侵犯必究

目 录

前　言　　　4

第一部分　什么是和平教育

01　什么是和平教育?　　　11

02　和平之路　　　21

第二部分　和平教育怎样做

03　如何设计和平教育方案　　　27

04　和平教育融入课程的方法　　　35

05　学校如何进行和平教育实践　　　53

06　教师如何组织课堂活动　　　60

07　教职工的培训工作　　　78

08　减少校园暴力　　　83

第三部分　和平教育模型与学习评估

09	和平教育模型	89
10	积极思考	95
11	心怀同情，择善而行	124
12	寻求内心和平	147
13	学会共处	167
14	尊重人的尊严	184
15	做真实的自己	200
16	培养批判性思维	228
17	非暴力解决冲突	255
18	建设社区和平	283
19	珍爱地球	295
20	和平学习评估	314

附录　联合国教科文组织和平教育课程开发区域研讨会

　　总结陈词　　　　　　　　　　　　　　323

参考文献　　　　　　　　　　　　　　　　326

译名对照　　　　　　　　　　　　　　　　329

前　言

前言

> 战争起源于人之思想，故务需于人之思想中筑起保卫和平之屏障。
>
> ——联合国教科文组织《组织法》

愿世界和平！

尊敬的教师、校长和课程设计师们：

欢迎您打开这份来自联合国教科文组织的礼物——《中小学和平教育教师指南》。2001年1月，联合国教科文组织在科伦坡举办和平教育课程开发会议，来自印度、巴基斯坦、不丹、马尔代夫和斯里兰卡等国的教育工作者云集一堂。会上，大家一致认为和平教育应成为本国乃至南亚地区通识教育的一部分，决定编写一份教育指南，将和平教育引入南亚各国学校。于是有了这本书。本着满足教师全面了解和平教育需求的目的，本指南：

- **阐述**和平教育的范围、目标、核心价值观和理念；
- **分析**和平教育主题模式，可根据该模式设计、实施和评估学校和平教育方案；
- **指明**成为和平教育教师所必需的特质、态度和技能；
- **提供**有助于和平教育的学习活动；
- **详解**在课堂教学中传递和平价值观、态度及技能的策略；
- **列举**消除各种形式校园暴力的方法；
- **介绍**学校和平教育方案的课外活动；
- **阐明**学校和平教育工作者的培养程序；
- **描述**学校和平文化建设的实操步骤；
- **明确**预期成果，并视之为最终目标和评估标准。

指南使用

本指南旨在提高教师培育学生和平态度、价值观和技能的能力，为校园和平建设提供理论基础、学习活动、课堂实践以及一系列建议。

在此，和平教育不是作为一个学科出现，而是提倡将和平价值观融入学校课程。它试图把每一节课转化为实践和平的契机、让每一位教师成为和平教育的使者。通过和平价值观的嵌入、相关活动的开展，学校科目的学习变得生动有趣、意义非凡，教与学的质量大大提升。这种教育努力把和平作为覆盖整个学校课程的一大主题，将各学科学习体验纳入一个统一的框架。如果缺乏这样的统领性中心议题，孩子们的课程体验将分散而零碎，彼此之间鲜有甚至没有联系。

本指南主要面向中小学教师。学校校长可能也会认为本指南对于其引入和平教育颇为实用。教师的和平教育尝试需要校长的支持、指导和协助。

同时，这本指南为课程设计者提供了如何将和平概念、价值观和方法纳入课程的线索与见解。课程教学融合和平价值观是相当必要的，借此，教师可以找到传道授业解惑的合理依据。但如果仅杂乱地"硬塞"一些和平价值观，那么教师可能无所适从，也不会认真对待。令人惋惜的是，许多学校的教学大纲并未留出多少空间来讨论与儿童发展相关的重要议题。即使教师有心开展和平教育，也只能自行寻找空间，与孩子们讨论幸福、同理心、友谊、决策、解决冲突以及与人为善等事宜。造成这一局面，是因为课程设计者对人类发展、和平生活和道德建设缺乏兴趣。然而，当今世界危机四伏，无论是本地还是全球，都要求课程设计者改变现状，关注儿童的和平文化建设，将这些价值观有机融入学科大纲、教师手册、学校教材和教师教育课程之中，明确愿景与目标，上下合作通力完成。

作为学校制度创新的一大亮点，有必要向教育学院的实习教师介绍和平教育的概念和方法。本指南也可用于教师的和平教育培训。与此同时，教育机关必须饱含热情、坚定不移地从各个层面推行和平教育，促使其成为教育不可分割的一部分。

指南设计

本指南第一部分（第1、2章）剖析和平教育的性质与和平的概念。第二部分（第3—6章）探讨将和平价值观融入学校课程与各类实践、促使学校成为和平之地的有效措施，以及介绍和平教育教与学的各种方法；（第7章）讨论培育和平教育工作者的途径；（第8章）提出减少校园暴力的对策。第三部分（第9—19章）阐明和平教育的主题模式，其中包含10个主题，均为当前全球范围内与教育最为相关的核心和平价值观，每个主题内容囊括了概念理解、预期成果、课堂实践、和平文化建设提议和学习活动示例；（第20章）详解学校课程设计与和平学习评估。

本指南所介绍的活动与模式，皆为笔者的实践结果。笔者曾对在校师生和教育工作者进行大量实验，证明了其有效性。这些教育活动必将提升学校的活力、营造欢乐的校园氛围，同时有助于培育学生的创造力、社会适应力以及和平生活所需的洞察力。

如何将和平教育融入课程

如果你是一个爱好和平的教师，自然会希望将和平教育融入学校教育的各个方面。融入途径主要有七种，分别是：

❶ 学科内容

在此，我们将语言、社会、宗教[1]、体育、艺术和科学列为核心课程，可以有机结合和平思想。

❷ 学科视角

这会促使教师让学科学习变得有意义。学科学习并不仅仅是为了学科本身，它必须有利于学习者社会、情感、智力和道德的自我发展。和平教育试图通过将人性理念、有效治理引入学习，促使学科人性化。

❸ 教学方式

在教育中，教什么和怎么教同等重要。一个好教师会采取以学生为中心的教学法，尤其是在小学和中学阶段，如设计有趣的学习活动代替常规讲课；不仅关心知识传授，还注重培养学生的社交技能、道德态度以及学习能力。

❹ 课外活动

这些是在课堂之外、为实现正规学科学习目标而进行的活动。课外活动具有互补性，不直接与学科或正式课程相关，但有助于实现教育目标。

❺ 教工发展

任何教育创新的成功实施，首先离不开教师的发展。可通过在职进修、研讨会等提高教师的认识，培训其专业技能。

---

1 本书原为面向南亚地区，而南亚地区各国均开设了宗教课程，其中有关和平教育的内容可为我国提供借鉴，故予以保留。——编者注

6 课堂管理

课堂管理包括维持纪律、组织学习、塑造品格、解决冲突、辅导咨询等。

7 学校管理

这关系到学校一级行政、决策和政策执行层面的工作，校长为总负责人。教师在课堂开展和平教育，需要全校的支持。同时，和平教育能够为学校的管理工作提供独到见解。

将和平教育融入课程的方法详见第 4 章。

学习活动

本指南在第三部分提供了 100 余项学习活动，同时指明适用对象和适用场景。然而，教师是最好的决策者，他们在教学过程中可适当运用这些活动。此外，教师还可以采用或设计类似活动，或改进之，以满足不同情形下和平教育的需求。这些活动所积累的经验也将促使教师进一步创建自己的特色活动。也许起初，孩子们可能因为之前养成的被动习惯而畏手畏脚，但随着持续参与，他们会喜欢上这些活动，表现得越来越游刃自如。

本指南很难做到详尽无遗。然而，在编写过程中，我们尽力使其体系完整，以满足教师的使用需求。期待其中林林总总的和平教育之法，能为教师的教学锦上添花，除积累经验之外，更能激发灵感，使其收获益丰。

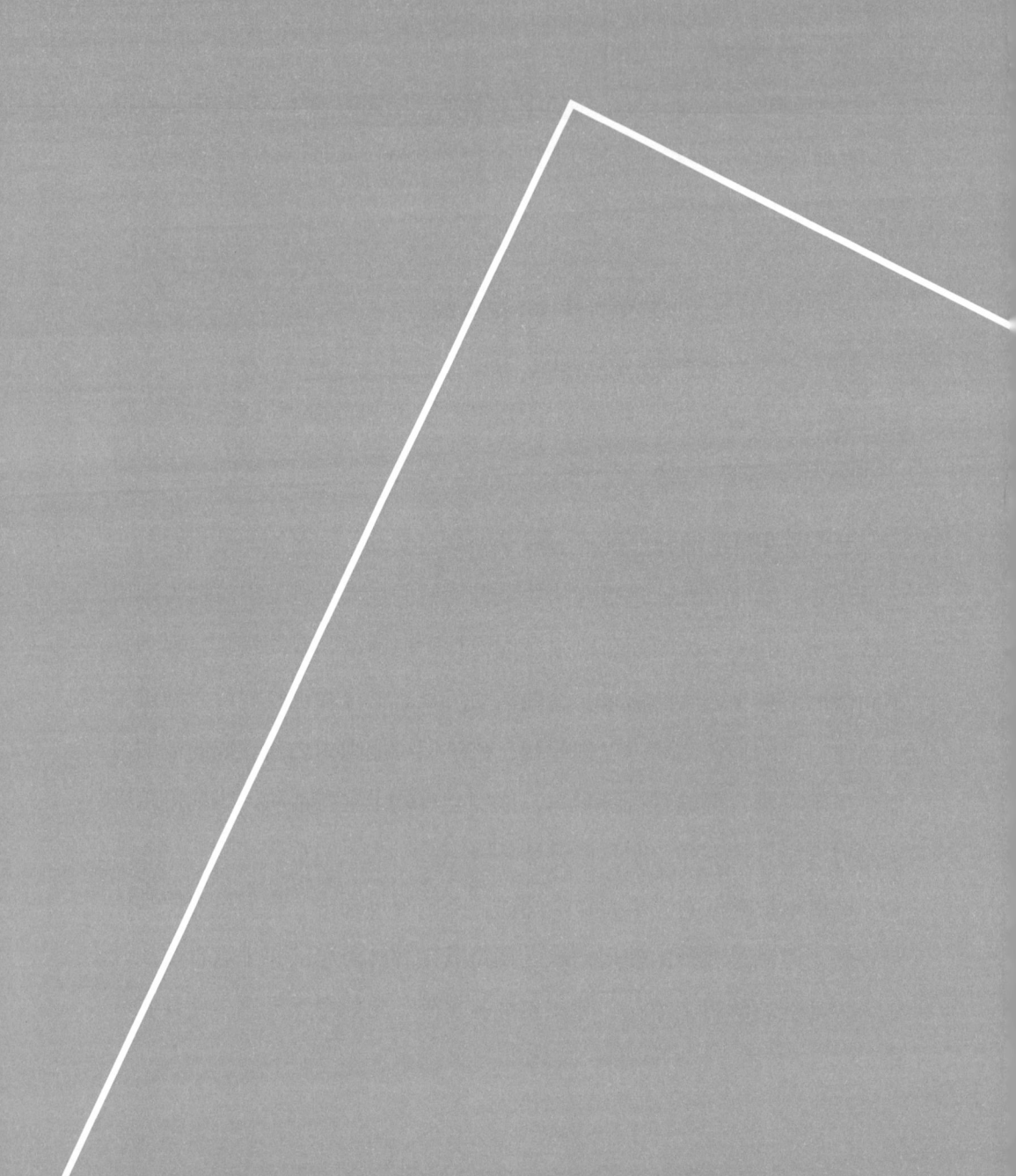

第一部分 什么是和平教育

01 什么是和平教育？

> 生活中处处存在和平。是选择主宰命运还是选择战火蹂躏，皆由人类自己做主。今天，人类正站在十字路口，必须鼓起勇气、下定决心、满怀憧憬地做出抉择。
>
> ——费德里科·马约尔（Federico Mayor）

当看到这份指南时，有人可能会想："还有必要以这种方式来进行和平教育吗？现在的学校教育均围绕和平展开，其内容不是已经体现在课程之中了？"从某种意义上说，这种想法无可厚非。但问题依然存在：如今，我们足够重视和平教育吗？我们的学校真的有志于培养和平的年轻一代吗？仅在课程中体现和平这一概念是否足够？

人类暴力行径之恶劣程度前所未有。放眼当今世界，人类同室操戈、破坏自然，种种暴行令所有明智之士深感沮丧甚至恐惧。令人痛心的是，我们生活在一个亘古未有的暴力时代，恐怖主义、战争、犯罪、不公、压迫和剥削等各种形式层出不穷。社会矛盾和治理危机上升，贫富差距和分配不公增大，风险全球化加重。人类为自己建立的社会是如此动荡不安、纷乱无序。

最令人痛惜的是，这种混乱无序的社会现状正侵蚀着孩子们纯真的心灵。孩子们不知不觉地接受暴力精神的影响，很快就会成长为新一代施暴者。因此，在儿童心灵深处播撒和平的种子，已迫在眉睫。

有些国家比较幸运，并未受到这股全球泛滥的崇尚暴力之风的影响。

但问题是：这种状态能持续多久？当全球化席卷一切，任何国家都无法置身事外。目前中小学教育存在片面追求升学率的倾向，以考分论优劣，忽视了学生的身心健康发展。这致使教育逐渐偏离"为人生"这一根本目的，即育人的正确轨道。"学校"一词正逐渐丧失其本义，不再是平和、宁静之地。（该词源自希腊语"skhole"，意为闲暇）。

现在教师们抱怨学校里纪律问题日趋增多。有教师说："看到学校里学生干的那些蠢事儿，我很震惊。他们的思维好像和我们太不一样了！"公众也批评这些从学校出来的年轻人，指责他们对社会问题麻木不仁、自私狭隘、学识浅薄，容易受到暴力和社会腐败的影响。少数学生的优秀无法弥补其余学生的不足。R. D. 莱恩（R. D. Laing，1978）曾说过：

> 如今在英国出生的孩子被送进精神病院的概率是被大学录取的十倍……我们正在把孩子们逼疯，而不是真正教育他们。

面对眼前的困境，当今教育界越来越认识到，孩子们应该接受和平生活艺术的教育。因此，许多国家的学校课程越来越多地纳入和平概念、态度、价值观和行为技能等内容。人们对发展与和平有关的学科也重新产生兴趣，如价值观教育、道德教育、全球教育等。过去，我们似乎认为一个人拥有的知识越多，发展就会越好。因此，我们强调在校的认知学习，却漠视了对儿童情感、社会、道德和人文方面的培养。如今这种学习失衡的后果显而易见：青少年反社会人格和行为问题显著，不安因素加剧。

这本教师指南旨在介绍一种名为和平教育的教育方法。这种教育方法通过引入和平与健康生活所必需的人类核心价值观，有助于消除上述一些负面影响。它提供了广泛而有趣的积极教学策略，提升课程教学效果，聚焦人类核心价值观。这种方法已经过众多国家的教育家和教师实践检验，行之有效。例如，斯里兰卡一所学校的学生写道：

> 这个项目极大地改变了我的思想。我深受启发，学会了如何充实地生活、如何在学校里与人和睦共处、如何互助合作，如何让我们的未来变得幸福、获得成功，最重要的是学会了如何做一个和平的公民。[1]

一位接受过和平教育短期培训的教师在培训结束时说：

> 在我的教学生涯中，我从未体验过如此美妙的经历、获得如此美好的知识。我变成了一个心态良好的人。这个项目确实有效，它可以为我们的国家带来和平与和谐。[2]

另一位在美国试验这种方法的教师罗宾·蒙兹（Robin Montz）写道：

> 开学后，我开始把自己经历过或读到的一些有效练习融入课程。一些"神奇"的变化发生了。我看到学生们在课堂上建立起有意义的关系。那些大部分时间无所事事或学习有困难的学生开始学习了。我看到自己以及作为教师的角色也发生改变，有了新的意义。我和学生之间开始建立真正的关系，与其说是师生关系，不如说是人与人之间的关系。我们互为指导，互相学习。[3]

---

1 2 National Institute of Education (2000) Bulletin on Education for Conflict Resolution Programme.
3 George Isaac Brown (1972) Human Teaching and Human Learning, *The Gestalt Journal*, Highland NY, p.168.

和平教育的发展

回溯和平教育的近期发展，我们可以看到，在过去的每一个时期和每一种文化里，和平教育都一直是教育不可分割的一部分。各种文化都将和平视为一种崇高的理想。然而，随着西方世俗主义在20世纪初裹着实证主义科学教育观的外衣出现，包括和平教育在内的道德观和价值观慢慢从学校课程中消失了。在价值观中立的实证主义和还原论影响下，整个教育被狭隘地定义为各种学科知识的教学。

然而，尽管存在这样的唯物主义观点，卢梭（Rousseau）、亨利·梭罗（Henry Thoreau）、托尔斯泰（Tolstoy）和玛利亚·蒙台梭利（Maria Montessori）等人文主义者的思想却使教育意识保持了活力。目睹了两次世界大战的恐怖景象后，一些教育家重新意识到发展人文教育的必要性。在此情境下，蒙台梭利不知疲倦地大声疾呼和平教育的迫切性。对此，我们应深怀尊重和赞赏。在21世纪初的今天，我们只是再一次重申她早在20世纪30年代就试图宣告世界的和平教育愿景。例如，她在一次公开演讲中说：

> 那些好战之人让年轻人为战争做好准备，而那些热爱和平的人却忽视了儿童和青少年，以致他们无法组织这两个群体来争取和平。

蒙台梭利的教育愿景为和平教育提供了坚实而有意义的基础。她将教育视为建设世界和平的工具。对她而言，和平是人与自然的指导原则。任何偏离原则的企图只会带来毁灭。而迄今为止，人们从未认真反思过这一点。和平应该作为一门科学来研究，挖掘其复杂的直接和间接因素。蒙台梭利还观察到人类忽略了自身内在的能量来源。仅仅掌握外部世界并不足以创造一个和平的世界。和平不只是无战争，还包含了许多积极的品质。蒙台梭利认为暴力破坏了人类传承的道德观念。她将自己所处的时代描述为一个阴险疯狂的时代，这要求人类立即回归理性。像卢梭一样，她相信人的本质是纯洁的。孩子与生俱来的天真应该得到呵护，以免被社会误导或宠坏。对蒙台梭利来说，孩子是人类的希望。他们有真正的远见，像一束明亮的小火焰，为我们带来福祉。建设性的和平教育必须以改造人性为目标，促进人类个性的内在发展，对人类的使命和社会生活的现状形成更清醒的认识。我们今天需要的是一种能够把人类从目前困境中拯救出来的教育。这种教育涉及人的精神发展和个人价值的提升，并使年轻人了解自身所处的时代。在学校，我们必须营造一个让孩子们能够积极参与学习的环境。

和平教育的定义

和平教育如果根据社会和文化背景以及国家需求来实施，则更加有效且意义深远。应该通过和平的文化、精神价值及人类普世价值，来充盈这种教育的内核，同时还应该保持和平教育的全球关联性。和平教育可以有多种定义，不仅是某种约定俗成的概念。以下是一些出自和平文献、较为合理的论断。

> 和平教育试图应对各种规模的冲突和暴力问题，这些问题大到世界各国，小到地方或个人。和平教育探究创造更加公正、可持续未来的方式。
>
> ——R. D. 莱恩（1978）

> 和平教育具有全面性。它深深植根于传统人类价值观的框架内，包括儿童的身体、情感、智力和社会发展。它基于一种哲学观念，即教导爱、同情、信任、公平、合作，尊重人类大家庭以及我们美丽星球上所有的生命。
>
> 和平教育是一种技能培养。它促使孩子们学会以创造性而非破坏性的方式来解决冲突，与自己、他人及世界和谐相处……建设和平是每个人的任务，也是人类大家庭的挑战。
>
> ——弗兰·施密特和爱丽丝·弗里德曼
> （Fran Schmidt and Alice Friedman, 1988）

上述基本概念表明，和平教育是一种补救措施，保护儿童免于陷入社会暴力的泥淖。它致力于推动儿童的全面发展，试图向儿童输送更高水平的人类社会价值观。从本质上说，和平教育旨在发展一套和平生活与建设和平所必需的行为技能，全人类都将从中受益。

事实上，在《德洛尔报告》（the Dolor report）所提出的教育四大支柱中，有两个支柱，即学会共处和学会做人，皆与和平生活相关。当然并非一定要将这些努力命名为和平教育，重要的是将和平的态度、价值观和技能融入学校教学过程，使之成为课程体系的一部分。某些国家和机构以主题的形式开展和平教育，如价值观教育（马来西亚和菲律宾）、公民教育（美国）、相互理解教育（爱尔兰）、发展教育（联合国儿童基金会）等。此外，和平教育还可以被整合到学校的正式课程和课外活动之中。

据观察，通过实施和平教育、创造和平文化，学校可以获得以下好处。[1] 学校可以：

- 形成更人性化的管理方法。
- 改善师生、师师、生生之间的人际关系。
- 帮助培养学生和教师的良好态度，如互助合作、相互尊重。
- 有助于学生情绪的健康发展。
- 通过参与互动和合作学习活动促进学生社会化。
- 改进学生的纪律和道德行为。

---

[1] 根据斯里兰卡学校教师和校长关于实施和平教育方法的报告整理。来源：斯里兰卡国家教育学院教育解决冲突项目（Education for Conflict Resolution Project, National Institute of Education, Sri Lanka）。

- 培养学生和教师的创造力。
- 提高教学质量和学习水平。

有趣的是，前文提到的教师罗宾·蒙兹在同一本书中对学生的情感学习技巧进行了评估[1]。

- 认知学习能力增强。
- 学习动机和反应得到提升。
- 对自我、他人、自然、情感等表现得更为欣赏。
- 责任感加强。
- 一些学生对致瘾致幻物的欲望大大降低。（引用罗宾·蒙兹的原话："班上相当多的学生此前一直使用药物或其他方法来逃避现实。许多人试图据此找到一个他们认为能够融入且更有意义的现实世界。将情感技巧与传统课程相结合，为他们提供了另一种也是更好的方法来达成同样的效果。他们当中的很多人不再依赖药物。其他厌世的学生也开始学习与接受相关的知识和经验。总之，情感技巧的运用改变了学生行为，使之变得更好、更有能力与他人建立联系。该实验向其他教师表明：假如对学生换一种教导方式，学生的学习动机、兴趣、意识、成效都可以得到提高。"）

---

1 George Isaac Brown (1972) Human Teaching and Human Learning, *The Gestalt Journal*, Highland NY, p.168.

结语

本章讲述和平教育成为学校义务教育的条件。尽管这看似是最新研究动态，但早在 20 世纪之前就一直在发展。倘若缺乏类似和平教育的内容，任何教育系统都不能被称为完整。和平教育可采取道德、价值或公民、民主或全球教育的形式呈现，其与众不同的特点在于它对人类暴力问题的关注。简言之，和平教育可以被定义为对人类暴力问题的教育回应。它具有以下基本特征：旨在保护儿童的心灵不受社会暴力的侵蚀。通过赋予儿童必要的知识、态度和技能，帮助他们做好准备，建设一个和平的世界。和平教育促使孩子、教学和学校变得更人性化。

学校可以通过和平教育直接受益。有充分证据表明，和平教育提高了教学质量，改善了学校纪律，有助于儿童的情感发展。

思考与探究

❶ 请列举并讨论全球化对你所处社会的积极影响和消极影响。需要采取什么措施来遏制消极影响？面对当前的挑战，教育应该做出怎样的改变？

❷ 你从教师和家长那里听过哪些关于当代青少年的正面和负面评价？请讨论。

❸ 蒙台梭利说，"孩子是人类的希望"，对此你有何理解？

02　和平之路

> 愿乌云适时降雨，庄稼丰收。愿天下安居乐业，正义当道！
>
> ——一首颂诗

"和平"一词言简义丰，内涵渊博，含义深远。因此，为清晰明了地阐述教育目的，该词的释义应当简明扼要，服务于学生学习，并能改变他们作为个人和集体的行为方式，以创造更美好的未来。同时，还应当对这种学习的效果进行客观评估。

真正意义上的生活需要处处有和平。它为人类的尽善尽美提供了必需的环境、空间和养分。然而毋庸置疑的是，我们对和平的真正内涵知之甚少。因此，该领域还存在相当大的疏忽和混乱。事实上，人们倾向于根据自己的喜好来定义和平。比如以下一些释义：

- **经济学**：和平是消除贫困，是指人们经济富裕。
- **政治学**：和平是民主的产物，和平源于善政。
- **反战派**：停止战争，就有和平。
- **法学**：和平是法律和秩序。
- **社会和谐派**：和平是解决不同群体之间的冲突。通过正义、公平将这些群体整合在一起。

这样的定义在它们各自的工作领域是行之有效的。但如果将之视为唯一标准，则有理解狭隘、不能兼顾百家之嫌。所有关于和平的定义均"窥得一斑"，但因片面、偏颇，而不能"知全豹"。以这种片面的观点来建设和平，注定要失败。比如一个社区经济发展项目忽视人类价值观和道德的考量，那么由此导致的人文精神恶化将无法实现经济繁荣。如果从社会和人类的角度进行全盘考虑，建设和平将卓有成效。换言之，和平的建设应该具备全局观。它是外部因素和内部因素、个人因素和社会因素的和谐融合。

"和平"一词多被狭义理解为无战争。但不应止于此，它不仅意味着没有战争，还应该意味着停止各种形式的暴力，如冲突、生命威胁、社会退化、歧视、压迫、剥削、贫困、不公正等。只要社会存在暴力结构，和平就无从谈起。这样的暴力结构自然而然地会致使人们采取暴力行为。例如，不公平的资源分配制度会令那些获得较少的人感到沮丧，从而导致人们走向暴力。消除所有障碍及一切不利于美好生活的因素，可称为消极和平。

以上所有观点表明，和平是一种外在现象。而有一种观点与之截然不同，认为和平是内在因素，即"和平在心中"。

和平也可以用积极的术语来解释。幸福、健康、满足和良好的经济、社会正义、表达自由、创造力和对个体每个成长阶段的支持都是和平的要素，可称为积极和平。如上所述，和平可以来自引导人们过正义生活的政治、经济、法律及其他社会结构。

构建和平的源泉可分为三类：内心和平、社会和平与自然和平。详解如下：

❶ **内心和平**

与自己和谐共处、身体健康、快乐自由、没有内心冲突，精神平和、品性善良，知足常乐、有洞察力和同情心，有艺术审美情趣。

❷ **社会和平**

人与人之间的和平、各层次人际关系的妥善处理、冲突的化解、关爱、友谊、团结、相互理解、认可、合作、兄弟情谊、包容差异、民主、社区建设、人权和道德等。

❸ **自然和平**

与自然共生共息，与地球和谐相处。

认识到和平的源泉至关重要，因为它们为构建和平奠定了基础。这些源泉可以再进一步细分，形成更多子项。建设和平的努力均来自上述一种或多种范畴。常见的是，一些项目只局限于某单一源泉而忽略其他考量，甚至与之相对。例如，一个社区创收项目可能会无视内心和平的方方面面，忽略道德或价值观的建设。但如前文所述，必须从整体上建设和平，而不是片面地看待和平。真正的和平是各方面因素通力合作的结果。这一运作原理如图 2-1 所示。

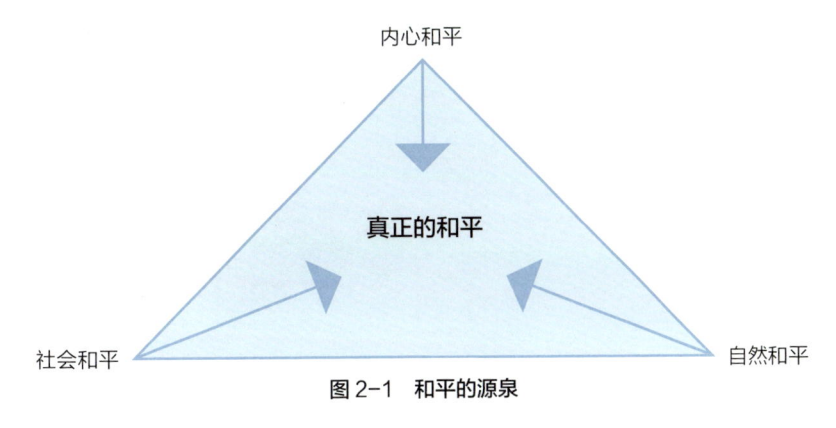

图 2-1 和平的源泉

我们常常习惯于将和平视为目标，即最终产物。这种观点有些低估了和平的构建过程。众所周知，手段即目的。因此，把和平既当作过程又当作目标，更有裨益。为了强调这一过程且使之实用化，我们需要更多地采用操作性强的术语而不是抽象的定义。例如：

> 和平是一种行为，提倡人们在交谈、倾听和与人互动时保持心平气和，禁止侵害、迫害或摧毁他人。
>
> ——特雷萨·M. 贝和格温多林·Y. 特纳
> （Theresa M. Bey and Gwendolyn Y. Turner, 1995）

结语

本章试图通过不同视角拓宽读者对和平的认知，并建议把和平作为一个整体来看待。只有从整体概念出发，才能更好地理解和平、建设和平。在设计教育方案时，采用实操性强的行为术语来定义和平恰到好处。和平既是过程，也是目标。

思考与探究

❶ 收集各种鼓舞人心的和平语录,指出其所包含基本概念和价值观。

❷ 你所处的文化是如何看待和平的?请找出相关论述。

❸ 你期待一种怎样的校园和平生活?

❹ 请列出表达和平含义的词汇和短语,如知足常乐、和谐相处等。

❺ 回想一下你认识的和平爱好者,说出他们所具有的和平特征。

❻ 请列举和平社会的五个突出特点。

第二部分 和平教育怎样做

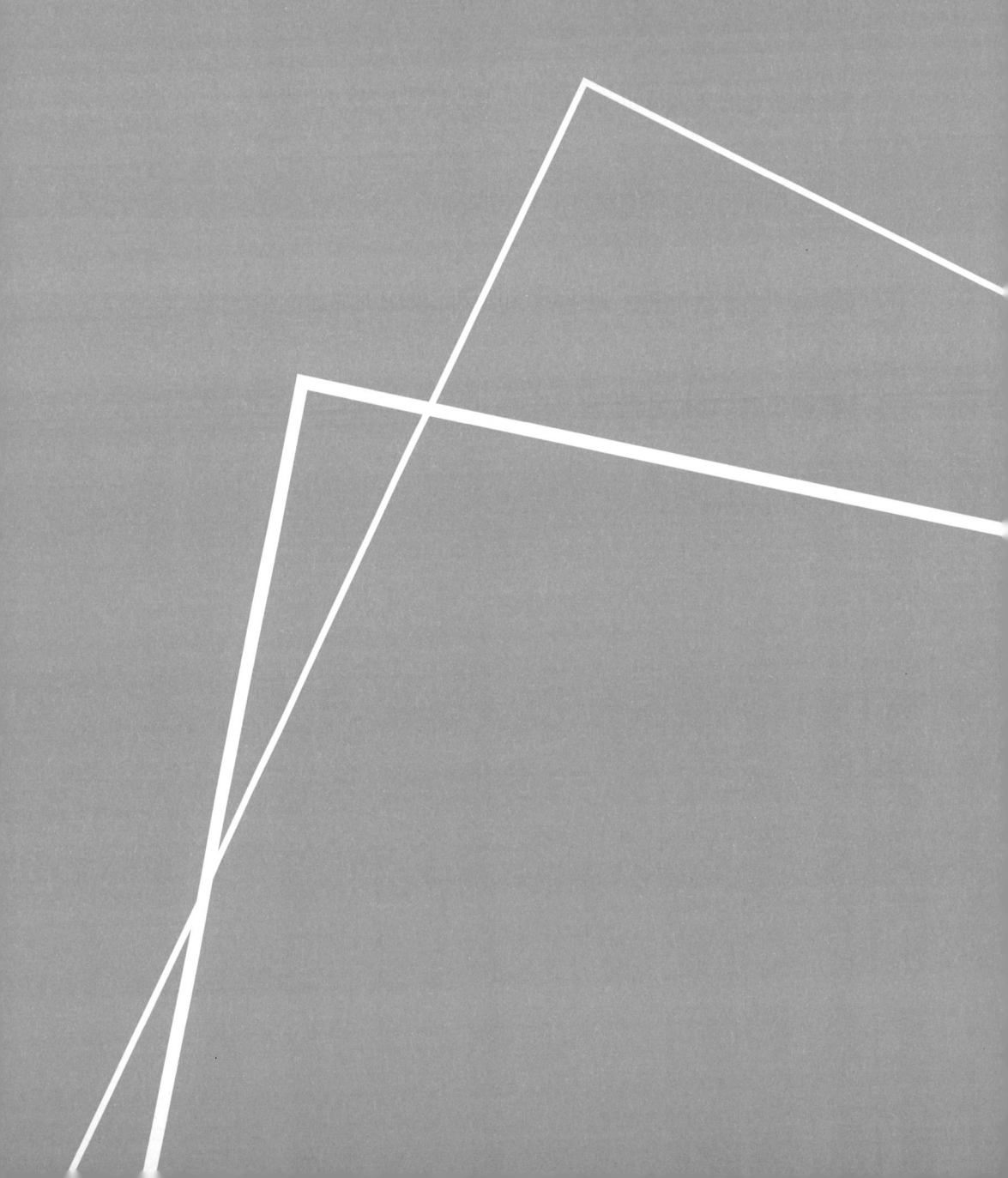

03 如何设计和平教育方案

我们现在面临着什么？
我们想达成什么目标？

如前所述，学校的和平教育方案是基于人类、公民、道德和精神价值体系的品格建设，强调培养儿童和平生活的能力。事实上，好学校都会开设这样或那样的道德和价值观教育课程。和平教育方案包括所有这些有效的尝试。创新应该循序渐进，即建立在现有成果的基础上，而不是推翻一切、标新立异或背道而驰。

感兴趣的教师可以为自己的班级设计一个和平教育方案。但如果想超越班级层面，则有必要获得校长的支持。如果校长计划引进和平教育，可以在教职工的协助下设计出方案。在此我们将讨论学校管理层如何设计一个和平教育方案。

① 明确需求

首先必须明确当前需求。比如在学校，你发现学生们一直焦躁不安。他们争吵、打架、抱怨、喊叫，表现出种种令人不安的行为。

又比如，你发现越来越多的学生开始吸烟，让问题变得更加严重。他们似乎引以为傲，认为这是男子气概的表现，是从大众传媒那里学来的一种时尚。

校园里青少年学生的态度和思维，也无法令人满意。例如，他们很少尊重他人，也不尊敬师长，和教师的关系渐渐疏远，甚至他们彼此之间也互不尊重。越来越多的人抱怨校园霸凌。学生对国家、文化和社会问题的态度大多比较消极。因此，如何让学生成为良好公民，如何改变现状，这是大家需要思考的问题。

② 确定目标

鉴于这一现状，你接下来需要确定为此需要做些什么。这些需求须以目标的形式一一阐明。例如，根据上述情况，可确定以下目标：

- 减少学生在课堂和校园的烦躁情绪。
- 采取措施来预防和减少学生冲突。
- 进行宣传，让学生和家长认识到吸烟的危害。
- 提供咨询服务，预防学生吸烟。
- 制定预防性策略帮助学生戒烟。
- 推行价值观教育方案，强调尊重和关心他人、培育健康的爱国观、提倡关心社会、培养公民意识。

在确定目标时，有必要分析当前的外部情况。你从表面上看到的问题，往往可能是深层原因引发的症状。例如在上述情形，我们必须思考：为什么学生们会焦躁不安。如果没有探查问题的真正根源，那么所采取的表面措施将于事无补。针对这一问题，深层原因可能是学校没有满足学生在智力、社交和精神上的真正需求。学生可能对目前的教学过程感到不满意，与教师缺乏沟通。和平教育方案旨在从根本上解决表层现象下的深层心理问题。

这种探析根源的做法在将宽泛目标分解成具体目标时非常重要。例如，第一个目标"减少学生在课堂和校园的烦躁情绪"可分解为如下具体目标：

- 通过教工发展和监督计划引入参与式学习等新方法，提高课堂教学质量。
- 每周至少在课堂上安排一次时间，和班主任一起了解学生在学习上的问题和其他方面的需求，并立即采取行动解决他们的问题和满足其需求。
- 当教师感觉到学生情绪开始异常时，做些放松练习、冥想或短时间的体能游戏和活动。

也许好学校认为和平教育只适用于问题学校，不适宜自己的学校，因为他们没有发现这些问题。事实上，如果和平教育只消极地针对问题来进行，很可能无法惠及更多人。相反，和平教育可以一种正面、积极的方式开始，审时度势，关注和了解儿童发展的需求。并且必须保持积极态度，一直坚持做下去。或许当积极导向产生效应时，消极导向就自动消失了。即使是最好的学校，也需要不断发扬优良传统，引入新理念，更新思想态度。一个学校的文化是需要不断维护、巩固和滋养的。

需求层面

在明确需求时，考虑的范围应该更广些，无须仅局限于一个层面。在设计和平教育方案时，需要明确四个层面的需求。分别是：个人或自我发展层面；学校层面；国家层面；世界层面。

在学校教育过程中，儿童有许多重要的自我发展需求没有得到充分满足。帮助孩子建立一个有效的、完整的、积极自尊的人格是最大的需求。要想和平地生活，一个人必须具备许多技能，如学会肯定他人、积极思考、能够移情倾听和交流、行为自信果断、具有批判性思维等，这些品质不可或缺（前文已作详尽探讨）。学校应该帮助儿童发展这些技能，从而让他们将来在社会上可以立足、不随波逐流。

在学校层面，首要需求是营造一个和平的氛围，即和平文化。有了这样的文化，孩子们自然会从中汲取和平的精神。有一种流行的说法，要捕捉和平，而不是教授和平。学校倡导和平文化应从教职工开始，培养其欣赏、合作、认同、信任和好学的态度和行为。通过发展友好、相互尊重的师生关系，和平文化将在校园里自然绽放。为了确保这一点，学校必须将和平价值观、规范和实践等一套生动形象的体系引入学校的日常生活。在这种情况下，有必要将以教师为中心的课堂教学方式转变为以儿童为中心的学习方式。如果学生在课堂上能够积极参与，再加上有趣的教学和学习方法，课堂氛围自然会变得友好而活跃。在这种氛围中，学生们释放潜力，创意无限，自觉自律。教师必须寻找多种有效策略，采取有效措施，让学校成为和谐之地。

在国家层面，学校必须关注国家当前的公民教育需求。这方面的公民教育是和平教育的重要组成部分。教育的使命是为国家培养优秀的、具有生产力的公民。因此，学习和理解当前社会政治和经济问题也至关重要。作为未来公民，学生需要培养健康、现实的观点来看待所遇到的社会问题。

至于全球层面的需求，关键是须记住教育的最终目的是培养世界公民。

当前，没有一个国家能够孤立存在。孩子们必须培养出一个明智的世界观。因此，需要开阔学生视野。本着这一目标，学校可以选择当前的国际问题来提高学生的全球意识。可参考以下主题：

- 人类文化的共性和多样性
- 人口
- 生态系统的破坏、污染
- 性别问题
- 种族歧视
- 世界贫困问题
- 战争、恐怖主义
- 贸易关系
- 世界文化
- 动物权益、濒临灭绝的动物

为整个学校设计和平方案时，需要经常与教职工进行讨论，确保其有效性和实用性。也有必要参考学生父母提供的合理见解。同时，需要对现有的价值观方案进行研判，找出优缺点。此外，必须对当前课程进行调查，检查其中有关和平价值观部分的正当性，并思考还有哪些相关的价值观、概念或问题可以进一步引入来丰富其内容。或许还可以从邻校现有的道德或价值观教育方案中汲取经验。方案制订后，还需要听取学生的意见，根据其反馈进行修改。可以用简单易懂的方式向高年级学生展示方案的基本内容，然后收集意见和建议。也可以随机抽取学生，向他们发放方案清单，征集意见。

③ 活动计划

方案是为了实现某些预定目标，在一定时间范围内进行的一系列活动。哪些活动可以使学生实现预期目标？这些活动应该有助于具体目标的实现。一份详尽的和平教育方案所涉及的活动包括六个方面：

① 全体教职工的发展水平（如教师发展、示范课程、阅读水平）

② 学校管理水平（如制定和平教育政策、监督、评估、促进）

③ 正规学科教学和学习水平（如将和平价值观纳入课程编制）

④ 课堂管理水平（如课堂行为准则）

⑤ 学校课外活动水平（如举办和平周、组织讲座、设立和平委员会）

⑥ 社区层面（如提高社区对于吸烟的负面影响的认识）

在接下来的章节中，将给出更多的活动建议。此外，还应该为实施每项活动的负责人或团队制订行动计划。有必要将责任委派给合适的教师。

④ 实施

方案最重要的阶段是活动的实施。如上所述，这些活动是通过课程讲授、课堂互动以及学校和社区的课外项目完成的。

⑤ 监测

为确保活动的正常开展，需要进行提醒、检查准备、辅导、促进和监督等工作。对已完成的任务进行检测，总结其对预期目标和计划的完成度。监测工作需要同时在行政层面和专职教学层面进行，通常采取支持和友好合作的形式。

⑥ 评估

评估是判断一个方案的价值，反映该方案能够在多大程度上实现目标。评估分两个阶段进行，即在实施过程中及时纠正和改进过程，在方案结束时判断实施效果并吸取经验，从而丰富和规划方案的下一次实施。

评估根据方案的预期目标进行。与数学等科目相比，和平教育方案的成效并不容易衡量，因为它所获得的学习经验具有主观性。在体验中获得的新见解和知识肯定会对行为产生影响。不过，这种情感学习需要与预期的新行为相联系。有必要强调和建立新的行为模式和准则。基于此，在每一项和平学习活动开始之前，都应该组织讨论如何将所学应用到日常行为之中。学校需要不断强化这一观念。后续章节将进一步讨论和平教育的评估方法。

结语

和平教育方案可以将学校所有品格建设工作整合到一个项目之中，以确保方案能够有效实施。在这里，校长的领导作用至关重要。规划方案的过程包括明确需求、确定目标、活动计划、实施、监测和评估。

思考与探究

❶ 在学校进行一次和平教育需求调查,并向教职工展示结果。

❷ 向兄弟学校学习开展和平教育实践的有用经验。

❸ 为学校设计一份和平教育方案。

04　和平教育融入课程的方法

> 和平仍然只存在于教育文献中，而没有付诸实践。
>
> ——斯托法伊–斯蒂茨（Stomfay-Stitz）

为了培养孩子们和平生活的能力，学校可以通过多种途径开展工作。主要有以下七种途径。（参见"前言"）

① 学科内容　　② 学科视角　　③ 教学方式
④ 课外活动　　⑤ 教工发展　　⑥ 课堂管理
⑦ 学校管理

如图 4-1 模型所示：

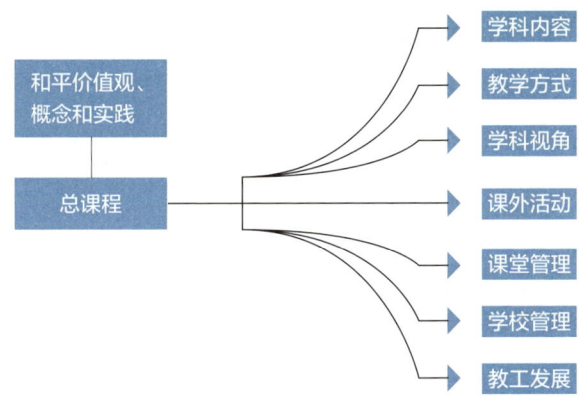

图 4-1　和平价值观融入学校课程模型

本章着重从学科内容、教学方式和学科视角三个层面探讨融入和平价值观的途径。其他层面将在其他章节加以讨论。

学科内容

鉴于这本指南是为中小学教师编写的，为了方便起见，在此采用六个科目名称。

| 语言 | 社会 | 科学 | 宗教 | 体育 | 艺术 |

- **语言**包括听、说、读、写、二语习得和文献学习。
- **社会**包括地理、历史和公民学。
- **科学**包括环境研究、数学、物理、化学、生物和植物学。
- **宗教**可以是佛教、印度教、伊斯兰教或基督教。一些国家也用价值观或道德教育来代替宗教。这里给出的思考和引述一般是这些教育都能接受的。但如果不能接受的话，那么也可以使用适合的类似活动。
- **体育**包括游戏和锻炼。
- **艺术**包括绘画、舞蹈和音乐。

将和平理念纳入正式科目

① 确定课程中的和平价值观

在这里，"和平价值观"一词被用来泛指与和平生活相关的所有概念、价值观、原则、态度、技能和实践。

首先，需要界定所使用词语的含义。

- **态度**是一个人对特定对象、行为、一个人、一群人或观点做出的积极或消极的评价。例如：吸烟不好；阅读是一种好习惯。
- **价值观**是一种内在的、积极的人类品质，可以丰富人们生活。例如：爱；善良；勇气。
- **概念**是信息的集合（如事实、图像、态度等），我们在共性的基础上将它们聚合在一起。例如：母性；同情。（在这一层面，价值观也是一种概念）
- **指示**是行动的指南。例如：不要待在你情绪爆发的地方。
- **原则**是指导正确行动的基本普遍真理。例如：仇恨不是由仇恨本身引起的；挫折导致愤怒。
- **愿望**是一种崇高的愿景，例如：愿众生幸福！
- **理想**是人们希望通过行动达到的完美标准。例如：一个无国界的世界。

作为一名教师，能识别出上述不同形式的和平价值观是非常重要的。

不少课程进行和平教育的形式各有不同，有的直接讲述，有的蕴藏在字里行间或间接呈现，还有的没有相关论述。然而，仔细观察后，你可能会发现有些可以将某种和平价值观带入课堂语境、丰富教学内容。当然也有某些课堂可能缺乏切入点而难以融入和平教育。即使这样，也不必失望，因为在课堂之外，和平教育的方法可以被运用到各种场景之中，如引入与课程目标相关的想象力、积极的感觉和情绪，以及组织有趣的学习活动。本指南中介绍的主题模式可以帮助你挖掘课堂文本中蕴含的价值观。

不过，和平价值观的培育应与课程目标一致，并遵守时间规定。因此，教师必须在正式的课程中找到简短而有效的方法传达价值观。

和平教育需要对学科内容、教学和学习方式（包括课堂管理）进行整体性分析。和平既是目标，也是过程。在此，我们将简要介绍如何将和平教育融入课堂教学。

② 灌输与课程相关的和平概念、态度、价值观和原则

一旦在课堂中确定一种价值观或引入一种互补的价值观，那么必须以某种方式完成这种价值观的传递，以便能在孩子们身上得到体现。为此，教师需要分析和识别价值观的基本组成部分。价值观由三个基本要素组成，即认知或知识要素、情感要素和行为要素。

认知（知识）
情感（感觉、情感和态度）
行为（技能、实践）

图 4-2　价值观的三要素

为了阐明这一点，下面以"合作"为例，分析该价值观的组成要素。

认知	合作的定义、方式和层次以及好处
情感	分享的感觉、团结、我们过去的经验
行为	技能、实践和练习

图 4-3　合作的价值观组成要素

掌握分析价值观的能力是必要的。教师必须首先提供知识储备并建立概念。其次，通过回忆过去的美好经历、讲故事等方式唤醒与价值观相关的情感，培养对价值观的积极态度。最后，通过实践活动培养行为技能。

在上文中，我们已讨论了具体方法。例如，假设有一堂课介绍传统村落，在备课时，可引入合作生活的价值观，讨论传统村落里存在的各种社会合作实践。

教学方式

③ 带着积极情绪走进课堂，让课堂生动有趣

例如：在教学的过程中，唤醒学生的好奇心、求知欲、敬畏感、美感和愉悦感。

④ 从人文与和平的角度讲课

以法国大革命为例，从人性的角度解释大革命爆发的社会经济背景。帮助学生理解：在生存需求被剥夺的情况下，人往往会表现出攻击性。对人们经受的物质贫乏、社会贫困和心理贫苦等窘境，以及这些是如何催生大众行为的进行讨论，帮助学生带着同情心看待问题。我们能够通过消除暴力来改变社会吗？我们可以通过哪些非暴力方式实现正义、平等、自由和人权？

如上所述，在讲授历史时，应避免激起学生对压迫者、侵略者和恶棍的仇恨，而要开阔他们的眼界，让他们理解导致这类人出现的社会、经济和政治条件。然后，讨论从中学到的教训，探索人类暴力的本质及局限性。

⑤ 自我发展指南

每一节课都可能出现某些线索来启发学生的自我发展。教师可以抓住这些线索，重点强调并加以利用。拓宽学生视野、培养其洞察力、提供行动指南、重视意识扩展、挖掘个人潜力，所有这些做法都能够促进自我发展。认识自己的特性是自我发展的基础。尤其是关于伟人传记的课程，为品格塑造提供了丰富的灵感来源，这也是自我发展的一部分。

⑥ 协助学生绘制和平愿景

青少年天生对生活和社会抱有一种美好的期盼或愿景，这有助于指导他们的行动。在他们成长过程中，随着抽象思维能力的形成，这种美好愿景也逐渐成形。当他们满怀热忱为未来的成功铢积寸累时，他们也在寻觅一种睿智的人生哲学。好的学校课程应当认识到青少年的这种智力需求，并为之提供人生指导。因此，教师必须分析，将这种愿景纳入正式课程的可能性。青少年想要了解：

- 人生的目的是什么？
- 如何过上幸福生活？
- 如何塑造成功的人生？
- 什么是真爱？
- 生理冲动等内驱力的本质是什么？

这里真正需要的不是来自外界权威的回答，而是鼓励、引导学生去探究问题、自由思考。强加成年人的观点将束缚他们的思维，从而产生不良影响。因此，有必要创造出一个轻松、开放的氛围，培养学生勇于提问、敢于质疑、善于表达的才能。（参见第 16 章培养批判性思维）

⑦ 激发学生的创造力和想象力

传统课堂教学方式以教师为主导，抑制了孩子们的创造力和自由精神，导致他们形成单向思维，总与教师的想法保持一致。与之相反，以学生为中心的教学方式营造出开放的课堂气氛，有利于培养学生的创造性和发散性思维，并通过各种活动鼓励学生公开提问、表达不同观点及自由思考。

⑧ 唤醒内心深处的灵性、智慧和直觉

灵性是人类的纯粹本质，通过与宇宙中的造物主进行交流，寻求自我价值的实现。所有的信仰都源于人类的灵性。这种试图与造物主接触的本质将唤醒人类内心最深处的意识，甚至超越意识。所有的人类价值观都来自灵性。事实上，人类价值观是我们内在灵性的不同表达形式。

智慧是灵性的体现。换言之，智慧是对灵性的感知。智慧的觉醒是人类发展的最高境界，被描述为开悟，是生命和教育的最高理想。

直觉可以理解为一个想法或问题解决方案的瞬间涌现，不涉及任何有意识的推理过程。这是潜意识寻找想法或解决方案的结果。直觉是一个创造性想法闪现的过程，经历准备、孵化和启发三个阶段。在准备阶段，需要收集信息、整理信息，并通过有意识的思维探索其可能性。在孵化阶段，信息探索下沉到潜意识层面，然后潜意识开始分析和整合。启发通常是在想不到的时刻立即生成一个想法或解决方案。启发之后通常是验证，试图用现实来测试，并相应地形成行动方案。

⑨ 让学习充满乐趣

课堂学习不但必要，而且应充满快乐、趣味性。原因在于：这样的学习，首先有助于培养积极的学习态度；其次，很容易识记；再次，有利于儿童的情感发展。此外，还可营造出愉悦的课堂气氛。让学习充满乐趣的方法主要有：

- 用清晰、易懂的语言和合理的顺序讲解课程。

- 课堂导入引人入胜、发人深思。
- 保持学生注意力集中。
- 确保举例、幽默和故事不会削减或转移注意力。
- 提问式解决问题,使用视听教具。
- 让学生参与有趣且具有挑战性的学习活动,提高他们的参与感。
- 开展审美培育活动,如唱歌、听歌、观看节目。
- 角色扮演、情景模拟,即兴表演剧。
- 采用富有创造性和趣味性的练习来代替单调枯燥的传统练习与作业。

⑩ 营造友好合作的班级氛围

良好的班级氛围主要是通过师生、生生之间的课堂良性互动而形成的。相互尊重、言行有礼、和睦友善大大有利于良好班风的培养。

合作关系也有助于创造积极的班级氛围,因为它会阻止课堂上的个人主义和以自我为中心的行为。相互欣赏有助于激发学生的潜能。组织诸如生日庆祝会、联欢会、歌咏会、短途旅行和其他社交活动也能有效营造氛围。

作为实践的第二部分,下面我们将从和平教育的角度分析一些核心课程,并讨论如何在课堂上展示和平教育。

学科视角

艺术

艺术可以有效培养学生的和平观和态度。艺术的力量在于它所继承的情感要素。艺术是一种非常强大的和平媒介，可以无止境地探索。下面举例说明。

艺术课的形式包括绘画、戏剧、唱歌、芭蕾以及其他创造性活动，从中选择与和平建设、促进自我发展有关的主题，例如：

- 我的梦想——建设和平世界
- 爱可以消除仇恨
- 吸烟有害健康
- 种一棵树
- 积极思考的力量
- 我内心的恐惧
- 自然之美

通过艺术课，学校可以举办艺术展览、街头戏剧、海报制作、广播节目和多元文化表演等活动，向社区宣传和平观念。

语言

作为一门学科，语言课可以在学习过程中开展各种新颖、有趣的创造性活动。通过整合这些活动，语言学习变得生动丰富。创造性活动包括：

- 角色扮演
- 即兴表演剧
- 幻想／想象之旅
- 创意写作，如给想象中的人写信
- 故事接龙
- 写作，如"我生活中的故事""我的家庭"

这些活动能够提高学生的参与度，激发其情感并将之带入学习中。欣赏和品味文学作品也有助于儿童的情感发展。文学极具创造性，容易激发想象力。故事是语言教学的有效工具。许多儿童故事通过象征的表现手法传达深刻的人文哲理。在故事赏析会上，我们可以深挖、弘扬这些哲理。总之，在向儿童灌输和平价值观的过程中，语言这门学科的魅力值得进一步探索。

历史

历史记载着文明的演变过程、记录着人类在时间长河中演绎的各种故事。由此，历史是一门饶富趣味的学科。对历史的理解，有狭义和广义之分。从狭义而言，历史表现为一个个的孤立事件，且经常带有伦理、宗教或民族偏见，忽视了事件的多面性。这样的历史学习将导致思想封闭、观点偏颇。而从广义来说，历史事件与特定时期的社会、政治、意识形态和经济力量及背景息息相关。它鼓励人们从不同的角度理解历史，形成新的观点。历史是对过去一系列记录事件的解释，试图启发我们对当前问题的思考。换言之，通过历史，我们可以了解自己身处何地、该去何方。

正确的历史教学法可以帮助我们理解和欣赏其他文化、宗教以及认识到人类的长处和短处，由此来构建和平。它有助于我们探究人类对自身实施的压迫、剥削、侵略和破坏行为的本质。例如，一场战争的破坏性有多大，权力如何使人丧失理智。通过阅读历史——尤其是人类欲壑难填、黩武穷兵的史实，我们可以洞察人类的自然心理，领悟改变这一心理的必要性，以确保人类的生存和发展。学习历史将促使我们转向审视内心，剖析旧日精神是如何仍然大行其道的。这种精神来源于原始时期和中世纪的心理状态，根植于种族中心主义、宗教原教旨主义、对权力的狂热崇拜、自私自利和强取豪夺的信条。

遗憾的是，许多学校的教科书往往是孤立地讲述历史。以希特勒及纳粹暴行为例，有些历史书不自觉地误导学生，把希特勒描绘成一个英雄。需指出的是，历史不仅记录了战争，还记载了和平，但很少有人关注和平的一面。希特勒为了维护日耳曼种族的纯正性，疯狂地屠杀了近600万犹太人。在历史课上，学生们可能想知道当时的文明世界采取了什么措施来阻止他的罪行。但对此他们可能得到的是，对付压迫和暴力的文明方式是消极地保持沉默。由于忽视了历史上人们为了和平所做出的种种努力，这种错误的历史学习不可避免地发生了。事实上，文明世界反对屠杀犹太人。一些国家的人们用尽办法来阻止这一暴行，甚至也有德国人奋起反抗。关押在集中营里的犹太人当中不少人像英雄一样勇敢地维持正义，不幸惨死在纳粹士兵的枪口之下。但某些历史撰写者却严重忽略了人类追求和平、反抗暴行的一面，没有告诉我们被压迫人民的感受。

此外，作为一个学科，历史还可以用来培养与各种核心价值观相关的和平技能，如积极感知、富有同理心、从不同立场或角度来看问题、保持批判性思维以及敢于承担责任等。运用角色扮演、小组讨论、绘画和辩论等方式使历史课变得生动有趣。

宗教

宗教作为学校课程中的一个科目，有助于和平建设，且具有特色。每一种宗教都以和平为核心。一位好的教师会从以下角度来进行教学：

- 采用以儿童为中心的方法教授。从孩童的生活经历开始。
- 明确孩童在各个发展阶段的精神需求，在课堂上满足他们。
- 鼓励探究、讨论、自我发现，建立自主性体验基地，取代教导性说教和主张，避免高人一等的态度。
- 尊重其他信仰。学会对其他信仰表示友好、宽容和尊重。
- 实现生活实践创新。
- 面对诱惑，强调基于道德采取正确行动的必要性。
- 以故事的形式来传达相关要义。
- 深入讨论人类问题，如生活的目的、苦难的本质、死亡和无知。在这样的讨论中，以这样的方式引入其他世界信仰的观点，有助于开阔视野。
- 遇到困难，不断冥想以唤醒灵性。

数学

传统课程中的数学是一门孤立的学科，与社会现实毫无关系。然而，该学科可以通过多种方式与和平教育产生关联。通过这种与现实世界的关联，数学学习必将对学生更有意义。数学可通过与现实相关的具体活动、作业和练习，提高学生对影响人类的全球性问题的认识。例如，中学数学可涉及人口增长率、婴儿死亡率、成人识字率、失业率、预期寿命等计算。显然，学会这些计算将增长学生的社会见识。教师可根据人口增长、教育、健康和经济发展等数据，设计出许多有趣且有意义的练习。借助作业和练习，学生可以进行统计调查。

通过研究世界上不同的数学体系，以及数学在不同文化中做出的贡献，数学为促进文化间的相互理解提供了平台。天文数学的基础知识可以帮助理解宇宙的运行方式。

社会

社会课程的目的是开拓孩子们的眼界和人类社会的视野，使之有资格成为好公民。该学科融合了多学科的研究方法，包括地理学、历史学、人类学、社会学、经济学和政治学。然而，许多发展中国家的社会课程很少全面涉及这些学科，更多的是注重地理或历史知识的讲授，而忽略了其他学科的作用。当今学术界越来越漠视社会科学中的人文关怀。一些批评家称之为社会科学的非人性化。显然，不少社会科学家将人当作物品、群体的一部分，或是纯粹的信息来源。这种有意而为之的做法被奉为金科玉律。当前的社会科学研究还会造成另一个危险的后果，即针对复杂的社会问题产生诸多支离破碎的观点。课程开发者必须意识到科学研究中的这些非人性化趋势，包括社会科学。

社会科学的重要性在于它提供了讨论全球性问题的基础。许多重要议题如民主、公民权、人权、儿童权利、社会正义和不发达问题，都可以在此基础上进行讨论。学生通过社会课程来了解他们所处社会和世界面临的主要问题，如国际冲突、环境问题和科学进步。在与建设和平有关的主题下，可以设计各种项目。例如：

- 每周在晨会上介绍全球新闻。

- 出版或创作手写或印刷的杂志、墙报，就与主题相关的当前问题展开讨论。
- 参观历史、考古或地理遗址。
- 举办有关世界遗产的主题展览。
- 就与发展问题相关的主题开展社区调查或研究。
- 就当前社会问题，组织在校或公共研讨会、讲座或讨论会。
- 组织宣传活动，提高对影响人类和环境问题的认识。
- 观看相关视频和影视节目。

科学

无独有偶，科学教育也采取了狭隘的世界观，像传统方法那样以偏概全。这里暂且不谈学科内容问题，让我们先关注学校科学教育的隐性课程。隐性课程主要通过主题的呈现方式和教师的教学态度来传达给学生。据观察，学习者对科学抱有以下几种态度：

- 科学是与人类或社会问题无关的纯知识，与其他学科几乎没有关系。
- 科学是唯一真正的知识。其知识内容固定，因此没有人对科学知识大做文章。
- 科学不承认人类价值或感性知识。
- 学习科学主要是积累既定的知识。
- 如果发现了任何不可测量的东西，请忽略它。

对科学的这些认识有可能是无意中产生的。但事实上，它们来自科学教师恰好具备的一种落伍的刻板印象，在发展中国家尤其如此。记得曾经有一位十年级学生说，只有西方才能创造科学知识。这些都是新帝国主义企图在发展中国家培养的典型态度。发展中国家的教师仍然用牛顿力学范式来看待科学，这种范式在 30 多年前已被西方国家抛弃，量子力学范式取而代之。在当今世界的科学领域推广牛顿的科学观，具有一定的误导性。让我们重新审视一下该科学旧范式的含义：

- 生产必然导致环境污染。（如发达国家所见）
- 自然资源的存在只是为了人类的利益而被人类开发。
- 动物是供人类使用的，天生没有权利。（仅在 1980 年，就有 900 万只动物因科学实验而被杀害）
- 人类的幸福取决于消费。

根据上述分析，必须从以下角度重新考虑科学课的讲授：

- 让科学成为一门友好的学科。
- 表明科学关注人类的需要和利益，关心人类福祉。
- 坚持整个宇宙是相互联系、相互依存的观点。
- 科学不是唯一的真正知识。
- 任何生命都是宝贵的。科学应该尊重生命。
- 科学不应凌驾于道德之上。它对人类福祉负有责任。滥用科学而违反这些原则是不正确的。
- 科学知识在不断发展，每个感兴趣的人都可参与并为科学的进步做出贡献。

在此，值得一提的是物理学家维克托·魏斯科普夫（Victor Weisskopf）对科学思维的理解。他观察到：

> 人类的存在依赖于同情心，好奇心催生知识。不具备同情心的好奇心和知识是不人道的，没有好奇心和知识的同情心是无效的。

结语

本章介绍了将和平价值观融入课堂正式教学过程的方法。为此，教师还应该能够识别课程中以各种形式出现的和平价值观。有些课程具有和平价值。引入相关价值观，通常可以完善那些缺乏和平价值观的课程。

和平教育试图不仅将和平价值观引入课程，而且将和平方法融入课堂教学过程。本章描述了达成这一目的的方法。除品格塑造之外，这些方法还有助于提高学习质量。

思考与探究

❶ 以某学科的一堂课为例，辨识其中蕴含的和平价值观。如果没有，那么可以引入哪些适当的价值观？

❷ 选择一种和平价值观，如尊重人的尊严、正义、远见、宽恕等。分析并识别其认知、情感和行为要素。

❸ "灵性是人类的纯粹本质，通过与宇宙中的造物主进行交流，寻求自我价值的实现。"如何理解这句话？请讨论，并列举灵性的其他定义。你如何定义这一词语？

❹ 请与同事分享你在教学生涯中最满意的一次经历。你为什么重视那段特殊的经历？也请倾听同事的经历。

05　学校如何进行和平教育实践

作为开班授课的补充，学校能够在各个层面推行有效的和平教育实践。学校是这些实践活动的主导者。

① 制定课堂行为准则

课堂行为准则可以改善学生纪律，促进有利于儿童道德成长的校园文化。制定准则需遵循以下程序：

① 与学生讨论制定准则的必要性，并征得他们的同意。

② 对班级进行分组，要求每组根据他们的需要编写准则。该准则必须能够指导学生在课堂上和校园里的行为。

③ 小组完成草案后，向全班展示。每次展示后，进行简短讨论，并根据反馈做出修改。

④ 成立一个委员会，委员会根据各小组提交的草案编写最终草案，然后提交给教师进行完善。行为准则需简明扼要。

⑤ 委员会确定终稿，并征求全班的意见。在教室里张贴课堂行为准则表。

⑥ 每周一次，如每周五，教师对课堂行为进行评估。

② 制定学校纪律指南

学校纪律指南是一份政策性文件，为在校学生提供标准的行为参考。这是一份详细的研究资料，类似于文献报告，包含在校园里各种冲突情况下建议遵循的正确行为。校长可任命一个教师团队负责编写此文件。团队将深入分析导致问题行为产生的因素，走访教师、班干部、学生和家长，查看学校以往的纪律处分记录。此外，还须调查导致学生出现问题行为和积极行为的原因、趋势、背景和情况。然后，根据分析结果，对学校各个层面的应对措施提出建议。该指南强调学校各层面应该担负的责任，比如首先是班主任建立和维护学校纪律，同时也包含对父母的行为建议。更重要的是，指南必须为学生能够在各种情况下做出正确行为而提供明确指导，例如：

- 当教师不在场时，应该怎么做？
- 在校园里捡到贵重物品时，应该怎么办？
- 在操场上应该如何表现？

根据指南制定的行为准则可在适当地方进行展示，如学校走廊、科学实验室、操场等。指南中提出的建议和标准使得良好行为合规化。校长可根据指南给班主任、任课教师、部门负责人、副校长、管理委员会和家长分配职责。诚然，指南理应发挥积极作用，使用方法也应考虑执行人的方便。至关重要的是，指南必须高屋建瓴、富有远见，可衍生出各级行为准则。

学校各级管理层都应该参与指南的编撰过程，以增强其责任感和对指南的信任。

③ 加强实践，维护自尊

和平教育强调在学校提高学生自尊的必要性。为此，学校必须在各层面推行各种创新策略和实践，通过奖励、鼓励、指导和鞭策等方法，挖掘学生潜力，促进学生发展。例如：

- 每周、每学期、每年评选最优学生（评选标准包括学习成绩，美术、戏剧、音乐、领导才能，解决问题的能力，助人行为等），可采取有趣的形式，如推选校园小小科学家、工程师、数学家、艺术家、演员、演说家等，还可以通过展览、竞赛、课堂评价等方式进行选拔。
- 颁发徽章、证书和奖品。
- 举办才艺表演会。
- 在晨会上公开表彰。

④ 开展专项活动和练习，培育和平能力

这类活动已在前章详细讨论，在此不再赘述。学校开展和平教育的指标之一是在课堂上不断使用积极参与式学习方法。教师可使用各种学习活动，满足不同年龄层次学生的需求。这些活动可以：

- 让学习变得有趣、快乐或增强学习驱动力。
- 提供能量。
- 增进课堂或团队合作。

- 提升批判性思维和解决问题的能力。
- 培养社交技能，如学会沟通，增强自信或建立友谊。
- 扩展意识或体验内心的平静。
- 改变无聊、单调的学习氛围，舒缓学习压力。
- 评估学习成果。

⑤ 道德教育活动

通过提出道德或精神上的思考，开始新的一天校园生活。这会带给我们很多灵感。这样的活动可在全校晨会上进行，比如提出关于品格培养的话题，教师和学生都可参与讨论，谈谈感想。或共享一首歌，或同读一本书，彼此交流所思所想。

每天正式上课之前，可在教室的前墙上贴一句名言警句，与学生们一起赏析、讨论。可以把这项活动日常化，交给学生自己去组织。

⑥ 学校或班级墙报

学校或班级墙报用途广、作用大，不但能为学生提供重大时事新闻和其他信息，而且通过刊登学生撰写的随笔、短篇故事和文章，能有效地提高他们的写作水平。墙报的创作形式多种多样，可根据议题、学科等设计不同风格。我们可以规定，定期以和平为主题出版墙报，并指定委员会负责编辑工作。

⑦ 张贴和平格言

在学校宿舍、教室、走廊和花园里张贴或展示和平格言，让孩子们潜移默化地适应和平的态度和价值观，并逐渐欣赏这种对生活有指导意义的道德格言。他们可能一生都将铭记在心。还可以用体现价值观的名称命名学校礼堂，如怀慈堂、悦心厅等。终日耳濡目染和平思想，将有助于价值观的内化。

⑧ 和平日或和平周

学校可举办和平日或和平周，以提高人们对和平的认知。选择当前重要议题，列出一天或一周的计划。有些主题对学生富有启发，如保护环境、社会正义、内心和平、非暴力、人权和全球化等。可在选定主题下组织研讨会、讲座、讨论、艺术展览、辩论和戏剧。这样的和平建设方案只有延伸到社区，方能体现其实用价值。

⑨ 任命班级调解员

班级调解员或调解人是指被任命解决班级冲突的学生。冲突被转交给他／她处理，或者他／她在必要时会对班级冲突进行调解。这样做是让大家明白，学生自己有责任解决彼此间的冲突。同时，作为调解员的学生解决冲突的技能也将得到提升。在男女混合学校，一个班可设一男一女两位调解员。

选拔须经全班一致同意。每月或每季度轮换，让更多学生有机会练习如何解决冲突。但在就任时，调解员需要接受基本的培训。特别徽章必须被授予，作为对这个职位的正式认可。

不过，调解员应与大家做朋友，不以领导形象自居。只有调解协商失败后，才会把冲突提交给班主任。除调解员角色外，他们还可充当同伴顾问，帮助有各种问题的同学。孩子们需要一个支持者，来倾听他们的问题并能与之私下讨论这些问题。调解员的表现将取决于学校为之提供的培训质量。因此，学校必须进行有效的培训。

⑩ 成立和平委员会

一个学校的调解员学生可成立一个委员会，为全校制订、组织和实施和平方案。例如，为学校组织和平周。这是把和平工作的责任交给学生自己的良策妙计。

⑪ 晨会

晨会为学校及社区追求和平的行动提供了良好平台。具体做法如下：

- （由学生或教师）提出当日的和平主题。
- 集体阅读文学作品中关于高尚思想的描述。
- 聆听一首和平颂歌。
- 介绍国际时事。
- 观看一部具有道德教育意义的戏剧。
- 进行一次简短的冥想。

- 邀请嘉宾演讲。
- 播放广播节目或学生自制节目。
- 播放正能量歌曲。
- 介绍伟人的生平事迹。

⑫ 学校联谊计划

孩子们需要大量的社交体验。学校可计划为他们提供与其他学校学生见面、交友、分享和聚会的机会。这类联谊活动可按学校、年级、兴趣小组和学生俱乐部进行组织，便于学生开展各种教育、文化、环境和社区发展活动。

06 教师如何组织课堂活动

　　清晨，学生们像往常一样聚集在老师周围，在树下倾听老师传道授业解惑。这时一只小鸟飞来，停在枝上，吟唱一曲动人的歌……最后老师说："今天的晨会到此结束。"

和平教育界说

　　与学科科目不同，和平教育与教师一样，都依赖于人。比起课堂内容，学生们从教师的说话方式、应对挑战的态度和看待问题的方式中学到更多的和平行为。显然，一个内心不和平的教师很难做好和平教育，因为其言行举止与所教内容相矛盾。本章旨在探讨和平教育教师的特点以及课堂授课方法。

　　态度和价值观的教学并非易事，很容易在学生中遇到阻力，因为这种教学颇有强行灌输的意味。卡尔·罗杰斯（Carl Rogers, 1961）曾提道：

> 依我之见，相对而言，任何能教授的东西对受教之人皆无关紧要，且未必能落实于行动……因此，我必须说，教学效果要么微乎其微、要么害人不浅。（p.267）

在和平教育中，以教师为中心、以学科为中心的传统方法无异于竹篮打水。卓有成效的是以学生为中心的教学方式。事实上，以学生为中心的教育是儿童权利概念在课堂和校园的自然延伸。

这种方式建基于以下原则：

- 认可学生言论自由、获取信息和发表意见的权利。
- 认可学生享有童年的权利。
- 学生是学习的主导者。
- 每个学生的能力、天赋、兴趣和经历均是独一无二的。因此，课堂上的一般方法和措施有失公允、助力甚微。
- 教育应该促进学生个性的发展。
- 教育的目的不只是让学生为将来的成年生活做准备。他们也有权享受童年乐趣。（每一个年龄、每一段人生都有完美且成熟之处。——卢梭）
- 学科课程的割裂，破坏了对整体的感知。采用综合授课法有益于学生全面发展。
- 学生也需要生命教育。
- 从小学阶段就应该鼓励终身教育。
- 学会学习是以学生为中心的教学法基础。
- 边做边学（即体验式学习）卓有成效。
- 学习应与自我相关。

理解儿童的需求

人类的基本需求

亚伯拉罕·马斯洛（Abraham Maslow，1960）提出人类有以下五大基本需求：

- 生理需求，如衣、食、住、行、健康、运动、干净的环境。
- 安全需求，如社会保障、免受威胁等。
- 社交需求，如理解、宽容、支持、友情、温暖、良性关系。
- 尊重需求，如受到尊重的正面评价。
- 自我实现需求，如不断提高语言表达能力、发现生命的终极意义。巅峰体验是终极成就。

根据该理论，人类从满足生理需求开始，逐步上升至更高需求。其中隐含三个基本层次：生理、社会和自我。不仅成人有这些需求，儿童也有。

儿童需求

在马斯洛需求论基础上，E.沃乐特（E. Wallet，1974）提出儿童的五种需求。

- 生理需求，如食、衣、住、健康等。
- 爱和关注需求，如鼓励、肢体接触、温暖、支持等。
- 创意表达需求，如感知能力发展、创造性的自我表达、快乐、探索自我表达的新方式。

- 认知需求，如学会认知。
- 社交需求，如受到同龄人认可、与他人互动、与他人交往。

自我发展的需求

卡尔·罗杰斯强调说，每个人都有一种内在需求，即成为一个真实的人。我们不断扪心自问：

- 我是谁？
- 我如何认识自己？
- 我如何成为真正的自己？
- 我现在的生活方式是否能够表现真实的自我？
- 我现在的生活方式是否真正实现了自我满足？

卡尔·罗杰斯认为，对真我的忽视会产生挫败，进而导致内心冲突。在以学生为中心的教学法中，教师在备课阶段的思考比授课时更为活跃，因为必须选择适当的学习活动。

作为引导者，教师需要：

- **设计**有意义的相关学习活动，由此有效地构建和讲授课程。
- **鼓励**学生通过头脑风暴等创新方法来理解概念、发现方法和解决问题。
- **营造**和谐的课堂氛围，让学生可以公开表达意见、表明态度、提出假设和做出判断。
- **多用**简短的口头陈述。

- **鼓励**学生从不同角度看待问题，引导发散性思维。
- **总结**并板书课程重点和概念。
- **指导**学生参与各项活动，如查阅资料以收集信息。
- **帮助**学生将信息系统化，形成知识。

体验式学习

以学生为中心的教学法采用体验式学习方式，常称为"边做边学"或"活动式学习"。

为此，教师必须选择与主题相关的适宜活动。通过这些活动，学生可以自己发现知识。在学习概念、价值观和态度方面，体验式学习效果立竿见影。和平教育将之作为一种基本授课方法。

接下来有必要讨论如何组织和演示课堂学习活动。

在这里，学习活动是指向学生提供的学习体验，可以从中习得相关概念、要义、价值观和态度。良好的学习活动具有以下特征：

- 像游戏一样有趣。
- 内容结构合理。
- 能提供有意义的学习体验。
- 适合学习者的水平。
- 具有挑战性。
- 能够激励自我发展。

教师作为引导者的角色

在以学生为中心的教学法中，教师作为引导者，扮演着多重角色。首先，作为计划者，教师设定目标，选择最合适的学习活动。接着，作为学习的发起者，教师要激发学生兴趣，引入活动。他需要为课程营造有利氛围；通过指导、支持、弥补缺失点及帮助学习者的方式，来引导整个学习过程朝着目标前进。当团队或个人遇到问题时，教师进行调解。在活动结束时，教师组织学生讨论，帮助他们将所学知识系统化。最后，教师需要评估目标的达成度。

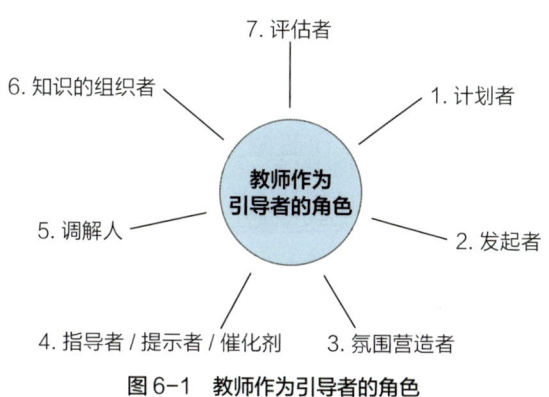

图 6-1　教师作为引导者的角色

体验式学习

通常来说，从经历中学习好似水到渠成，但这并不意味着我们会从每次经历中学到东西。若想做到这一点，必须要对事件进行反思和复盘。例如，主动自问：发生了什么？我能从中学到什么？体验式学习意味着需要反思、概括归纳，并将所得应用于新事件。科尔布（Kolb，1984）的体验式学习周期如下图所示：

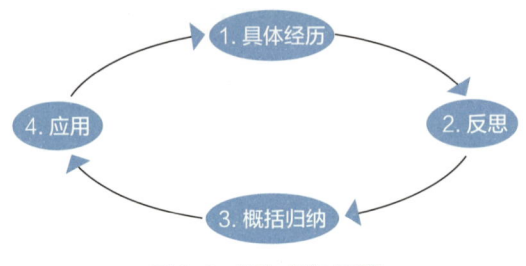

```
        1. 具体经历
  4. 应用          2. 反思
        3. 概括归纳
```

图 6-2　体验式学习周期

参照该学习周期，教师提供与课程相关的活动。学生可单人或两人一组，或多人成组参与。活动的答案不会提前公布，等待学生自己去探索。

活动结束后，召集各小组回到课堂，对活动进行反思。教师通过提问引导学生思考：

- 你做了什么？（提醒活动类型）
- 你是如何进行的？（提醒顺序）
- 你感觉如何？发现了什么？有何感想？（参与讨论/分享，讨论按照反思—概括—归纳的顺序进行）

在讨论过程中，学生发现、形成概念，并从中得出结论，同时，还研究这些发现在日常生活中的应用情况。

和平学习活动的类型

分组

活动可以是一人成组、两人一组、三人一组、多人小组或大组，或全班为一组。

空间安排

若无特殊要求，一些活动可以在教室内进行。然而，许多活动需要空间走动，满足分组安排，参与者既能坐也能站。在进行游戏时，最方便的是面朝里，围坐一圈，在中间留出空间。团团围坐能够营造一种参与感。如果没有合适的室内空间，那么可以把课堂带到室外进行。

① 辩论

辩论是一项激发好奇心的活动，能引导学生搜寻相关的社会、政治或道德问题的信息，比如辩题为：我们应该废除死刑吗？

辩论将促进学生的批判性思维和逻辑思维，提高公开演讲及表达的能力。不必总是把辩论组织得很高大上，可以只作为一个简短的课堂活动。例如，就一个与课程相关、有争议的问题进行短时辩论。把全班同学分成正反双方，各方派出一名学生做限时 3 分钟的发言，不需要判定哪方获胜。这种辩论有助于对当下热点问题进行深入探讨。

② 座谈会

座谈会是一种正式的讨论。作为课程的一部分，座谈会有助于培养感知力、提高意识、深度思考。参与者需充分做好准备。首先，选出一位主持人，他将引导讨论的正确走向。座谈小组在教室前坐成一圈，其余学生旁听观察。座谈结束时，旁听者可提出问题，或分享观感。

③ 鱼缸会议

这是一种更有趣的座谈会形式。选出一组参与者坐成一圈，并就给定主题进行讨论。部分学生坐在他们身后，形成一个更大的圆圈。剩余学生再往后坐，批判性地观察讨论的内容和过程，例如，是否每个人都参与了讨论？讨论者是否遗漏了问题的关键点？他们最后是否提供了反馈？人们称这种形式的讨论为鱼缸会议，因为在观察者眼里，参与讨论的人就像是鱼缸里游动的鱼群。

④ 价值观辨析

这类活动帮助学生进行反思，重新审视自己的价值观、态度和愿景。

▶ **教师提问**

当学生分享自己的观点后，教师可通过提出简单的问题，让学生继续思考，但不一定需要期待学生有深刻见解。

示例

学生：爱是虚幻的。

教师：你指的是哪种爱？（或提出其他问题，例如：那么母爱呢？是什么让你得出这样的结论？除了虚幻的爱之外，还有其他类型的爱吗？）

▶ **选边站队**

召集全班学生到一个可以自由活动的宽敞空间，然后提出一个价值导向问题，要求他们做出判断："表示赞成的人站到那边，表示反对的人站在这边。"

价值导向问题示例
- 采取不正当的手段可以获得优异成绩。
- 生产是环境污染的正当理由。
- 乡村生活比城市生活更美好。

此外，社会、公民、历史等课程里出现的相关话题也可以组织这样的讨论，例如，科学只为富人服务。

学生分成"赞成"和"反对"两组后，教师要求各组每位成员至少给出一个理由来支持本组立场，对方可以进行反驳。大家各抒己见，辩论热闹非凡，课堂气氛迅速升温。

⑤ 案例研究

提供与课堂讨论主题相关的案例研究。学生可以分组批判性地研究该案例，并回答既定问题。让他们学会自己找出问题的因果关系、总结出基本原则，以及知晓问题的实用价值。

⑥ 头脑风暴

头脑风暴是一种思维方式，鼓励学生就研究对象提出想法、解决方案或观点。这种方式能够催生创意想法和解决问题的待选方案。

如教师提议："让我们想一想手帕有哪些用途。你们每人至少提出两种用法并进行讨论。在五分钟内找出 15 种用途。"然后，全班积极讨论，分享想法。教师将之一一写在黑板上。在这个分享过程中，教师应该避免对学生的想法做出评判，因为批评会阻碍创新性观点的诞生。当学生分享结束后，教师再点评他们的想法，厘清基本概念，为这堂课建立知识储备。

⑦ 智力游戏

教师给出一个与课程内容相关的智力游戏，全班进行竞猜，或找出解决方案。他们可单独思考，也可分组讨论。

示例：豹子、山羊和草料

一个人买了一头豹子、一只山羊和一袋草料带回家。在路上，他遇到一条河。河上有条小船，一次只允许他带一件东西过河。请问他如何解决这个问题？如果把豹子带上船，留下山羊，那山羊会吃掉草料。如果带上草料，豹子会吃掉山羊。他怎样才能把三样东西运过河呢？

小组成员讨论分析，寻找最佳方案。类似的谜题处处可见，不但能提高学生解决问题的能力、开拓其创造性思维，而且也可为他们的即兴创作、深思熟虑和大胆创新提供机会。

▶ **填字游戏**

准备一个简单的填字游戏作为练习，在课程快结束时进行。填字词语取自课堂术语。

⑧ 自我表达

孩子们喜欢以各种形式表达自己的感情、愿望、幻想与想法。这些恣意的想象可用作有效的课堂活动。

> **示例：就正在讨论的问题分享创意**
> - 表达未来的志向。例如，如果我是一名医生……
> - 表现丰富的想象。例如，如果我是一只小鸟……
> - 角色扮演。例如，假设我是苏格拉底，被雅典市民判处死刑。定罪后我向公众发表演讲。

这些活动也可以书面形式进行。无拘无束的表达，只会让有趣的见解层出不穷。课程由此充盈起来。

⑨ 合作讲故事

为激励创新思维，学生可坐成一圈，共同编一个故事。第一个学生说一句话作为故事开头，第二个学生接着说下一句话，就这样一个一个地连续下去。情节逐渐浮现、故事逐渐成形。教师可以进行必要的提示，帮助情节顺利发展。一旦故事终结，便可编辑加工，增强可读性。

⑩ 编写故事

根据课堂上讨论过的情节进行编写。例如，一个奴隶在埃及法老的暴政下劳作的故事。也可以给出一部分情节，然后让各组编写结局。这些新编故事可写下来、读出来或演出来。

⑪ 诗歌或歌曲创作

引导学生写出简单的诗句或歌曲并非难事。给予一个主题，有效激发他们的情感，允许他们在课堂自由表达，以诗歌形式记录思想火花。他们的作品可以用来诵读或吟唱。

⑫ 绘画

绘画基本可用于所有学科教学，且表现形式丰富多彩。在传统学校里，绘画作为一种学习方式，只能由接受过艺术专业训练的教师来教授。其他学科教师认为自己不会画画，因此也不会在自己的课堂上用绘画来帮助教学。在他们眼里，绘画讲究规则，对此他们不懂或不熟悉。

然而，每位学科教师都可创造性地利用绘画这一学习活动，无论出身科班与否。在这种情境中，绘画是自由表达的途径。应当消除孩子担心画不好、画不出的恐惧。

绘画应用于其他学科的示例

- 在语言课上，让学生画出对文学作品中某事件的印象。

绘画也是培养态度的有力工具。比如以下绘画主题将会给孩子带来一定影响：

- 我眼中的自己是什么样？画一幅自画像。
- 给你的朋友画一幅肖像。
- 绘制一个面具，表达某种特定情感，如善良、快乐、恐惧。
- 回想曾做过的好人好事。用一系列漫画来展示当时做了什么以及是怎么做的。与朋友进行分享。
- 画一幅自己经历灾难的场景，如遭遇洪水、火灾、在森林里迷路。
- 用各种动物部位，创作一个想象中的生物形象。

绘画可分组进行。小组合作有助于学生体验合作和发展社交技能。

示例

- 小组配合绘制童话中的一个场景。
- 其中一个成员先画一个东西，如一棵树或一只动物等。其他成员接着往下画，每人添上一些东西，最终完成画作。

重要的是，无论孩子们画得好坏，都值得肯定、赞赏。

⑬ 引导想象

如前所述，孩子们的想象力天马行空，充满奇思妙想。这种强大的能力应该在课堂中充分发挥效用。想象力尤其可以激发孩子内心深处的积极情感，如善良与和平。

示例

描述撒哈拉沙漠时，教师可以带领学生经历一场奇幻之旅。让学生们闭上眼睛，像冥想一样放松片刻。然后教师说："让我们来一段撒哈拉想象之旅吧。我们扇动翅膀，腾空而起。御风而行，飞翔在广袤沙漠之上。眼见绿色的植被越来越稀少，只剩下无边无际的漫漫黄沙……"随着教师娓娓道来，学生在脑海里领略撒哈拉沙漠之壮美。体验结束后，可以要求学生畅所欲言，讲述想象中所见、所感。

有指引的想象可用于冥想，唤起深沉、平和、愉悦和美感。这样的活动有助于情感发展。

⑭ 表演

通过表演的方式，演绎某些情景和事件，能让学习变得更有趣，提高娱乐性。表演特别有益于强化口头表达能力。常见的课堂表演形式有以下几种：

▶ 做鬼脸

这项活动趣味性强，尤其适合小学生。比如让孩子们站成一圈。第一个孩子做个顽皮的鬼脸，然后绕圈传递这个表情。又如：教师大声说出一个形容词如善良、悲伤、强壮等，孩子做出相应的表情。

▶ 哑剧

在哑剧表演中，学生通过哑语手势无声地表达某些动作，例如弹吉他、从井里打水、开门、找东西等。

▶ 情景哑剧

教师描述某一情景，如：你独自走在路上，突然看到一条毒蛇，你惊恐万分。鼓励学生主动站到圈中表演该情景。或一组学生无声模仿某种职业或事件，另一组学生来竞猜。

▶ 角色扮演

角色扮演是通过扮演某些角色来建立一个想象情境。首先让学生表演与课程相关的片段来设置场景。过程可采取即时即兴表演或对话的形式。角色扮演可以培养学生的沟通技巧，也有助于培育良好的合作精神。此外，还可加深学生对所扮演角色的理解。活动之后需要反思和讨论。

▶ 模拟

这项活动通过仿效课程中的某一人物和事件来重现情景，以便进行学习和研究，例如采访、模仿邮局里的一幕等。

⑮ 破冰行动

这项活动有助于打破参与者之间的隔阂，使之放松，自然互动。活动具有开放性，利于创造愉快氛围，顺利进行下一步。

示例

- 说出你的名字，你最喜欢的东西和最不喜欢的东西。
- 选择一个能代表你的物品，通过它向大家介绍自己。

⑯ 游戏调节

此类活动类似体育游戏，用于释放学生的压力，振作精神、重焕活力。当学生们开始焦躁不安、觉得无聊或情绪低落时，教师可以快速地利用游戏调整他们的状态，然后继续上课。

示例：水果沙拉

学生们搬椅子坐成一圈。教师请他们说出四种最喜爱的水果。学生按照圆圈顺序依次说出。然后邀请一个学生站到圆圈中间，并搬走他的椅子。这样圆圈里少了一把椅子。中间学生说出一种水果名。被说中的几个学生必须站起来快速交换位置，与此同时，中间学生必须抢坐其中一个空位。接下来，没有抢到位子坐的学生站到中间，开始新的一轮说水果、抢座位游戏。

也可以变换游戏内容，如：

- 中间学生可以说出两种水果的名字。
- 当中间学生说"水果沙拉"四个字时，所有学生都需要站起来交换座位。
- 可用其他东西代替水果，如"吃素的人换座位"。

⑰ 合作游戏

有些活动旨在建立合作，培养团队意识和信任感。在活动过程中，人人必须携手合作。

示例
- 集体拼成一台机器，并展示其运作过程。
- 几个人手拉手，围成一个紧密的小圈，彼此抓牢。然后圈外人试图努力拆开这个小圈。

⑱ 拟声游戏

这类游戏分贝不低，可能会扰人学习，因此可以在考虑室外进行。让学生模拟各种声音，如暴雨、雷鸣、丛林之夜、火车轰鸣等。

⑲ 正面肯定

此类活动对培养孩子的自尊心是相当有益的。

在活动中，学生们可以用口头或非口头的方式表达对彼此的喜爱，积极评价、互相欣赏、肯定友谊。

示例
- 学生们在教室里自由走动，向遇到的每个人说出鼓励的、开心的话。
- 请一名学生站在教室中间。其他学生轮流向前，向他/她表达自己的正面看法。这位学生会感到很快乐。

07 教职工的培训工作

> 善之本在教，教之本在师。

学校是否能够成为和平教育的摇篮，离不开校长的雷厉风行、大力支持，更离不开全体教职工的通力合作、共同努力。成功与否，取决于教职工的支持力度。然而，这并非否认个别教师作为变革推动者所发挥的作用。在许多典型案例中，教师凭一己之力也能改变整个学校，但即使这样，仍离不开其他教职工的支持。

作为一校之长，希望通过和平教育提高教育质量，那么应当如何赢得教职工支持？这关乎教职工的持续发展问题，当循序渐进，不可操之过急。通常，当领导层试图推行改革时，基层往往会抵制之，仅因为人们不愿跳出"舒适圈"、不愿改变目前的心态或立场。由此，须以一种友善的方式，谨慎、温和、得体地推进这一改革。

① 从己做起

君子先慎乎德，有德此有人。只有实现了自我改变，才能去改变他人。一个人内心发生的改变，会自然而然地流溢于表，影响到外界的人或事，从而切切实实地感化社会风气、陶染整个环境。校长必须成为拥有和平品质的榜样：一个积极、真诚、富有同情心、团结合作、能谋善断的人。

他必须通过维护教师的自尊和自信，来创造教师的归属感和认同感。作为领导者，在与他人接触时，他的嘉言懿行应当能够激发出别人最好的品质。同时应当不断表扬之、鼓励之、信任之，积极强化这一耳濡目染的效果。如果是这样一位楷模来推动变革创新，他往往会赢得教职工的拥护和支持。

② 提供和平教育文献、手册和指南

每一项创新都需要大量的知识储备支撑，需要将相关知识传授给参与者。为此，学校有必要收集一些好书、指南及其他阅读材料供教师学习。校图书馆藏书可能难以满足全部需求，需要向大家推介好书，鼓励他们有选择性地阅读。

③ 组织教职工和平教育研讨会

向全体或部分教职工提供培训，是一种切实有效的做法。可以制订校内计划，邀请外来专家进行培训。也可以组织那些积极进行改革的教师举办交流会，分享成功经验。

④ 成立创新小组

成立一个小组或团队，致力于创新工作。可喜的是，大多数学校都不缺热爱和平并愿为此出力的教师。这些小组或团队需要不断壮大并加强。如果能发展成为一个委员会，他们可以在校长的指导下带头更好地为学校服务。

⑤ 制订活动计划

比如，委员会可以着手规划、组织和实施和平教育方面的教工发展活动。这些活动应以教职工在创新领域的切身需求为基础。

活动示例

- 与教职工共同制定学校和平教育政策，提供行动指南。
- 开展学校调研及培训工作。
- 规划、开展和平教育试点项目。
- 组织内部教师发展活动，如研讨会、经验分享会和讲座等。
  （相关主题有：如何消除校园霸凌；识别学校的隐藏课程；如何让学生遵纪守法；帮助学生建立自尊的新方法；学校建设和平文化的新战略；如何辨识课程中的和平概念等）
- 定期组织示范课。
- 为和平教育开发教具。
- 鼓励和提倡教师编写、制作和平剧本。
- 播放和平教育的电影和视频。

如上所示，可组织各种有趣的活动促进教工发展。如果教师能自发组织，效果更佳。事实上，教师本身应对此担负起责任。另一重要原则是，这是一个长期、持续的过程，不应随意中断。教工发展对学校至关重要，因为它直接影响到教与学的质量。

⑥ 实施计划

委员会必须定期实施计划。教工持续发展的制约因素之一是可利用的时间。在某些国家，只能让教职工在放学后留下来开展活动。

大多数学校会动员教职工为了自身职业发展，在放学后自愿留下来一小段时间。如果他们觉得这些课程有用，就会前往参加。但也有一些发展活动以在职培训的形式进行，如：示范课、练习代演、质量管理讨论、研发活动、同事支持会等。

⑦ 评估

对计划的有效性进行评估，以求进一步完善。在多数情况下，评估过程无须过于正式，但必须收集教职工的反馈和改进意见。

结语

学校的创新改革应该从教工持续发展计划开始。教师需要了解和平教育的目标、概念和方法。学校领导层可通过在职培训来满足这一需求，也可推行本校教工发展模式来实现这一点。

思考与探究

① 在你的同事中做一次关于和平教育必要性的非正式调查。对调查结果进行批判性分析。

② 目前,你的同事们对和平教育持有什么样的态度或看法?

③ 如果需要改变他们的态度或看法,有哪些合适的教工发展活动?

08 减少校园暴力

> 我相信每个人都有潜力完美地践行非暴力抵抗。如果你心存非暴力信念,它会像一场强大的风暴从你这里开始,蔓延到全世界。
>
> ——甘地(Gandhi)

暴力无处不在,或粗暴,或微妙。学校也不能幸免。校园暴力有五种不同形式。本章简要讨论学校可采取的控制措施,以减少和防止校园暴力。

1. 言语暴力	如侮辱、谩骂、威胁、诅咒、影射、喊叫、贴标签和争吵。
2. 心理暴力	(针对情感伤害)如指责、谴责、嘲讽、鄙视、使人难堪、匿名信报复。
3. 身体暴力	如掌掴、鞭打、罚跪、拷打、殴打、侵犯、揪耳朵。
4. 犯罪暴力	如刺伤、枪击、偷窃、毁坏财产、强奸、虐待儿童、蓄意破坏、打群架。
5. 结构性暴力	(因学校教育方式而产生的暴力)如强迫学生相互竞争、个人比较、强迫学生坐数小时、以学科和教师为中心授课、忽视学生的特殊需求、强加苛刻的规则、外部强加的纪律和训练。

显然,上述暴力行为的实施者是教职工和学生,除非在极少数情况下,外来入侵者会闯入校园实施攻击行为。

教师的暴力行为

在亚洲的一些学校，尽管对外一直宣扬保护儿童权利，但通过鞭打、责骂或其他方式进行身体暴力、语言暴力的传统始终存在，他们打着教育的幌子证明自己的所作所为是正当的。

当教师横加暴力，鞭打或虐待学生时，整个校园的快乐气氛会消散殆尽，取而代之的是恐惧、威胁、消极和压抑。持续的教师暴力会给学校带来负面影响，例如：

1. 师生关系疏远。
2. 教师专业素养下降。
3. 学校管理层不能有效管理这种不专业的行为。
4. 教师不能维持良好的纪律。
5. 学生不关心目前接受的教育质量。

那么，学校如何阻止教师实施暴力呢？以下可供参考。

1. 开展教工持续发展课程，内容包括：在学校维持良好的纪律；激励学生的方法；课堂管理方法。
2. 制订改善师生关系的方案，例如：戏剧表演、游学旅行、远足，教职工发展计划创新。
3. 禁止使用鞭刑及其他形式的体罚。
4. 在维持学校纪律方面采取人道和民主策略。

学生的暴力行为

针对学生反学校、反纪律的攻击性行为，学校作为一个组织，应该规劝之、教化之。这些攻击性行为在程度上因学校而异。教师很容易忽视学生潜在的暴力倾向。

暴力或攻击性通常被定义为意图伤害他人的行为。表达伤害意图的言语或想法也属于攻击性行为。

然而，并非儿童所有的攻击性行为都需要高度重视。把某些行为当作暴力可能不太公平。例如，孩子们有时打闹是为了好玩，或为了看看自己有几分力气。这种行为没有恶意，也不算恶劣，因此不具有攻击性，但对儿童的心理发展有一定影响。成长到一定阶段，这种行为会自然消失。只有当这种行为反复出现并成为一种人格，父母和教师才应当格外关注。

攻击的形式

从心理学来说，攻击性行为可分为以下五种基本形式：

① **有组织的群架**：一个团伙有预谋地发起攻击性行为。

② **直接攻击**：直接用身体或语言表达对他人的愤怒。

③ **间接攻击**（大多是故意为之）：表面上和睦友好，背地里诋毁他人。

④ **象征性攻击**：通过象征性行动传达暴力信息，主要用于政治和公共活动。

⑤ **工具性攻击**：为达到某个目的而采取的策略或手段。

减少学生暴力行为的方法

① 制定学校政策，预防校园暴力。

② 根据该政策，制订暴力控制计划，作为纪律管理的一部分。

③ 基于相互尊重、相互合作原则，将学校建设成一个社区。强调非暴力价值观是学校传统的一部分。

④ 让学习变得快乐、有意义。提高学校教育质量，满足学生需求。

⑤ 采用积极策略，建立公平的纪律控制体系。

⑥ 鼓励每个班级制定并遵守行为准则。

⑦ 让有恶意攻击性行为的学生接受咨询。

⑧ 定期对学校各处巡视，尤其是可能发生欺凌和其他违纪行为的地方。

⑨ 有效执行学校课程表，让学生没有时间进行违纪活动。

⑩ 形成监督体系，视察学生放学后的活动，避免回家路上出现意外。

⑪ 严格执行学校课程表，在容易出事的时段（如年初、高中新生入学）不设空闲时间。

结语

上述措施大多属于消极方法。大部分纪律问题反映了学校管理方式不当、课程设置不合理、师生关系不和谐。在这种情况下，真正需要改变的是引起冲突的根源，而不是通过采取严格的管控措施来压制冲突。如本指南所示，和平教育正是管理学校纪律的一种积极方法。

思考与探究

❶ 参考其他学校维持纪律的一些好方法，与负责人讨论交流。

❷ 请与同事讨论交流，找出课堂管理的问题。

❸ 为所在的学校设计一些预防暴力的活动。

第三部分 和平教育模型与学习评估

09 和平教育模型

教育方案一般通过各种学习活动来促进青少年和儿童发展。方案的设置即为课程。坦纳夫妇（1975）将课程定义为有计划、有指导的学习经验及预期的学习结果，通过在学校指导下系统地重建知识和经验，以使学习者在个人和社会能力方面获得持续的、有意识的发展。计划需要先明确目标，然后选择适当的学习活动，协助青少年和儿童发展达到预期效果。和平教育方案的主要目标是帮助他们成长为一个和平的人。首先，必须确定对他们的基本期望，随后设计学习活动，让他们朝着预期目标发展。由此，必须为有效的方案建立一个清晰的愿景和模型。本章将讨论和平教育课程模型。

该模型由十大主题组成，涵盖众多在当前全球背景下钩深极奥的和平价值观和概念，同时也一一列出我们希望在孩子身上看到的和平的人所应具有的基本特征。本书基于此模型编写，对每个主题均有所阐释。下面先扼要述之。

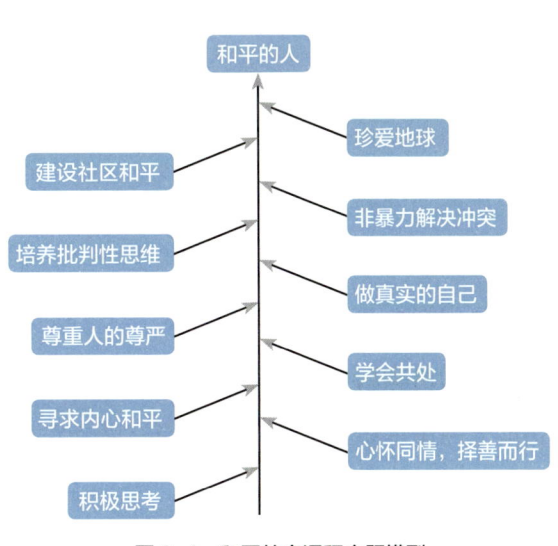

图 9-1　和平教育课程主题模型

① 积极思考

本主题旨在培养青少年和儿童的积极心态。积极思考是和平的人具有的首要特征。它包括在自己身上建立积极的自我概念。只有拥有积极的人生观，孩子才会重视自己，尊重各种生活形态，同时建立尊重他人、接受他人、真诚欣赏他人的态度。这是一个自我赋权的概念，有助于培养青少年和儿童对自己、国家和人类的积极态度。

② 心怀同情，择善而行

本主题力求培养善解人意的品质，如爱、善良、友好等。这些品质对于应对社会暴力至关重要。

③ 寻求内心和平

本主题旨在解决自身心理冲突和问题，实现内心和平。可以探讨理解自我和思维过程的方法、如何控制愤怒等情绪、如何抚慰心灵等。同时还可以思考如何满足青少年和儿童的精神需求，帮助他们体验内心和平。

④ 学会共处

当今世界多极分化日益加剧，学会共处是重中之重。孩子们需要学会如何在集体中与他人和谐相处。该主题包括分享、互助、建立信任、承担团队责任、领导及仿效等分主题。学习合作将降低青少年和儿童利己主义竞争的趋向。

⑤ 尊重人的尊严

这是基于人权、义务和正义概念，着力培养一种认识、尊重自己和他人权利的意识。

⑥ 做真实的自己

做真实的自己是指，在不损人害己的情况下，诚实而直接地表达自己的需求、感受及想法。这是一种能够化解冲突、进行有效社会互动的必要行为技能。

⑦ 培养批判性思维

这是一项有助于解决问题的基本智力技能。它还包括决策能力。具有批判性思维是民主社会公民的必要特征，它要求能够从另一个角度去看待、分析、整合问题，寻找替代方案，培养逻辑思维。

⑧ 非暴力解决冲突

本主题包括解决冲突所需的技能，如冲突分析、谈判、积极倾听、调解、创造性解决问题以及寻找可替代解决方案。这是和平教育的基本组成部分。

⑨ 建设社区和平

本主题为孩子们提供一个接触社会现实、了解人们的问题并与之合作的机会。学校可以在社区组织各种和平建设项目。

⑩ 珍爱地球

这是一项全球性的教育任务，不仅为了孩子们，也为了普罗大众。地球的健康直接影响人类的命运。学校可通过组织活动、开展项目、布置作业等方式开展这一主题教育。

上述主题为和平教育提供了一个包罗万象的框架。可以在各个年级，从不同的深度和广度，螺旋式上升开展各大主题教育。如"积极思考"这一主题，可参考以下方法：

- 了解自己
- 培养自尊
- 积极思考的意义
- 消极思考的影响
- 积极思考的哲学、心理学含义
- 对文化和价值观进行积极思考

该模型的运作简单易行，可供课程开发者用作选择和平概念的指南。模型有助于教师辨识和发现课程中的和平概念。通过在职培训，教师可以掌握必要的知识和教学法，从而实现主题教育的教学多样化。同时，大量有趣的、游戏式的学习活动也有助于目标的达成。

然而，一些课程开发者可能会提出异议，认为现有课程已存在这些概念，为何还要费时费力加入和平教育。当然，许多课程都已涉及上述概念。在此需牢记的是，和平教育并非新鲜事物或新兴学科。它在课程教学中发挥着两大重要功能。第一，它将所有主题统一在和平教育的整体框架之下。如果缺乏这种整体观，各学科的相关学习往往比较零碎、浅显。第二，和平教育促使学校教育人性化。如前所述，它是一种人文主义的教育方法，而不是一门学科。任何科目的课程都可以通过和平教育方法来呈现，且完全符合科目内容和目标。有趣的是，优秀的教师即使没有正式学过相关知识，也能在课程和课堂管理中使用和平教育方法。这表明，和平教育是良好教育必不可少的一部分。掌握相关理论和实践知识，可以更加完善目前的课堂实践。

后续章节将会通过适当的课堂实践、和平文化的建设和学习活动的开展，进一步阐述上述十大主题。

结语

在设计和平教育方案时，学校或教育系统需要确立一个清晰的目标和模型，以确保过程的完整性和一致性。模型是执行者如何组织思路、如何努力实现目标的体现。和平的概念如此广泛，若无模型指导，工作将非常分散、零碎，甚至还会导致矛盾。在这种情形下，可能会出现太多不相关的观点、价值观和概念，从而扭曲方案的本意。但如果有模型可循，就可以在各个年级的课程教学中，实现在深度和广度上的螺旋式上升发展。

思考与探究

❶ 确定一系列与本国国情息息相关的核心价值观，为所在学校设计一个有意义的和平教育模型。

❷ 良好的价值观教育模型应该具备哪些特征？根据这些特征对文中所述模型进行分析。

❸ 核心和平价值观包括哪些？请举例说明。

10 积极思考

> 如果一个人认为自己的生活毫无意义，那他是不快乐的，也无法适应生活。
>
> ——阿尔伯特·爱因斯坦（Albert Einstein）

教学目标

- 培养自尊
- 学会肯定
- 积极学习
- 培养积极的工作态度
- 对未来抱有乐观态度

核心价值观

- 积极的人生观
- 自尊
- 肯定
- 对待学习的积极态度
- 对待工作的积极态度
- 对待未来的积极态度

教学内容

- 概念理解
- 积极思考
- 自尊
- 正面肯定
- 对待学习的积极态度
- 对待工作的积极态度
- 对待未来的积极态度
- 预期成果
- 课堂实践
- 和平文化建设提议

学习活动

1. 我引以为傲的个人品质
2. 用言语表达情感
3. 我是谁?
4. 介绍朋友
5. 我做过的善事
6. 关于正面肯定的游戏
7. 猜猜看
8. 我的盾牌
9. 用身体语言表达情感
10. 我喜欢做的事情

⑪ 过去的我，现在的我

⑫ 杰出人物扮演

⑬ 积极面对挑战

⑭ 假如？

⑮ 失踪的朋友

概念理解

假设一个人十分口渴，最终找到一只杯子，里面装了一半水。他／她会如何看待这杯水？乐观者看到半杯水，悲观者看到半空杯子。常言道：心静容天地，心动易烦恼。消极的心态让人总关注事物的阴暗面，甚至自己的阴暗面。这样的人容易把失败归咎于所有人。即使倾尽所有，也难以取悦他／她。

凡积极乐观之人，总是看到生活中的阳光，看到自己和别人的闪光点。正如威廉·布莱克（William Blake）所言，看到"从乌云的罅隙中透射出一线光芒"。积极的感知会带来满足、快乐与希望。所有充实、愉悦的人生都源自一种乐观的心态。与人和睦，与己和谐。

有趣的是，人们的积极或消极心态源于他们的自我概念，即为自己建立的形象。人们透过自我概念这块有色玻璃来感知世界。如果你的玻璃十分明亮，便认为自己善文能武、宽容敦厚、大有可为。因此，这种阳光、自信的态度自然而然地引人走向成功。而成功又能使你的形象更美好，于是再次获得更多成功。如果你坚定必胜信念，则会顿生拔山盖世之勇，去赢得胜利。故而，成功催生成功。反之，失败造就失败。

可见，消极心态易致人陷入恶性循环，难以自拔。心理学家发现，拥有积极自我概念的人勇于挑战、不轻易言败。即使到了山穷水尽的地步，与自我概念消极的人相比，他们也能在更短时间内重振旗鼓、东山再起。从本质而言，积极的自我概念能鼓舞人心，比如下文的这些想法。

积极思考

- 每一天，我都在各方面变得更强、更快乐、更美好。
- 生活如此精彩，我享受生活的每一刻。
- 今天我选择快乐。
- 原谅自己。
- 爱自己。
- 我是自己的主人。
- 在生活中，我朝着积极的方向成长。
- 每个人都内心存善。我的行为举止让每个和我接触的人展示出最好的自己。
- 生活给我一个柠檬，我就把它做成柠檬汁。
- 每一次失败都是因祸得福。
- 信任产生信任。
- 尊重每一个与我接触的人，从积极的角度看待生活中每一件事。笑对苦难并不意味着坦然接受后止步不前。

常有人问：是否可以用积极心态看待生活中的每一件事。积极面对苦难，不等于全然接受后裹足不前。把苦难当作契机，助你认清现实或真相，从中学习，那么苦难反而是一种福气。祸兮福之所倚，福兮祸之所伏。许多突如其来的人生低谷，也是我们绝境逢生的起点。俗话说：塞翁失马，焉知非福。当生活关上一扇门，就会打开另一扇窗。我们不必因为关着的门哭泣，而可以寻找那扇开着的窗。

积极的心态不仅能培养健康的个性，还能促使团队同心合力。它给社会带来正能量，向人们传送快乐、创造力、使命感和友谊。例如，积极向上的课堂气氛非常有利于快乐学习，学生能够充分发挥创造力，从而硕果累累。

自尊

教师经常可以发现：大多数成绩优异的学生拥有积极的自尊。过去常认为智力是成功学习的唯一因素，但现在教师越来越意识到自尊也是成功学习的关键因素之一。

自卑之人因内心缺失而难以欣赏他人、关爱他人。只有拥有积极自尊的人才能勇敢面对一切挑战。我们需要建立积极的自尊，此乃人类基本需求。自尊的形成来自他人的认可与接受。对孩子来说，得到父母、教师、同龄人及其他人认可、表扬、赞赏和重视是相当必要的。必须适当地满足这一需求，以确保青少年和儿童健康的心理成长。他们的性格塑成得益于所获得的正面评价。当一个孩子行为正确时，一句赞赏之言将强化该行为，孩子由此倾向于重复这种行为。行为心理学家斯金纳曾说："你就是被强化后的自我。"自然地，缺乏社会性接受和欣赏将导致青少年和儿童普遍出现行为问题，他们从破坏性行为中寻求认可。通常有问题的青少年和儿童便是这类缺少正面评价的孩子。如前文所述，错误的自我概念会造成人们产生错误的自尊。过度自尊会使人居高临下、颐指气使，而自卑却令人卑躬屈膝、仰人鼻息。学校应该帮助孩子建立理性而健康的自尊。

正面肯定

观察一个人的积极或消极心态如何影响他人行为是十分有趣的。有些人颇具天赋，能够激发别人的真善美。这种能力被称为正面肯定。优秀领导者的秘诀在于，能够让他们接触到的人发挥出最好的一面。

优秀领导者通过正面肯定来做到这一点，即积极评价、言行鼓励、热情回应、友好信任。与之相反，心态消极者只会造成旁人自轻自贱，因为他们不善于表达爱、温情和赞美。在他们心中，似乎有一道"紧箍咒"阻止其内心自然表达。这是因为他们有一些悬而未决的心理问题在作祟。

正面肯定属于人际关系范畴，是积极的人生观之一。孩子们应该学习如何对他人表达情谊与友善。学会如何正面肯定也是社交教育过程中不可或缺的一部分。

首先，教师需要学会如何正面肯定他人。一个不善于表达人类温情、感情和赞美的人，很难成为一名好教师。

赞赏学生示例

- 好。
- 很好。
- 优秀/聪明。
- 问得好。
- 回答得好。
- 你的想法很有趣/绝妙/发人深省。
- 说对了。
- 太棒了！
- 你真用功！
- 你很聪明！
- 我为你骄傲！

- 你未来可期。
- 你很诚实。
- 我相信你。
- 我很欣赏你的努力。
- 有一天你会成为伟大的科学家／学者／艺术家……
- 你有……的天赋。
- 你应该为自己感到骄傲。
- 我非常喜欢像你这样的学生。
- 祝贺你！

（请找出更多专属于你的表达）

对待学习的积极态度

拥有积极的态度可有效提升自我。例如，学生对学习需要有积极、主动的态度。主动是学习动力的源泉。首先，学校必须培养学生对待学习的正面态度。然而一些传统学校的做法截然相反，对学习的认识狭隘、落后。直到现在，这些学校仍无法想象什么是快乐教育。

从自我和生活的角度而言，学习具有深刻意义。但大部分学科的教学与自我或生活无关。这样的教育几乎无法给真正的学习提供真知灼见。事实上，教师很少和学生们探讨学习的本质以及终身学习的含义。

优秀的教师总是利用有趣和创新的教学法，来激发学生积极的学习态度。学生不仅需要掌握知识，还要知道如何掌握。有必要向他们介绍自学方法，鼓励养成阅读习惯。只有学生积极参与到学习中，建立自己的知识体系，才堪称有效学习。

对待工作的积极态度

培养积极的工作态度是教育的一项基本责任。每种教育体系都明确了这一需求。在不同的体系中，与工作相关的课程名称各异，如生活技能课程、创意工作课程、手工课程或职业技能课程。

孩子们天生热爱工作。对他们来说，工作是令人兴奋的。然而，上述的职业课程很难引起孩子们的兴趣。学校可以通过让孩子接触世界、与不同职业的人互动来培养工作态度。孩子们对职业的吸引力随着其成长阶段而变化。渐渐地，他们对工作的幻想和兴趣消失，最后选择适合自己的职业。

不少学校在这方面推出了一种创新的实践方式——工作活动室。这是一个开放的校园工作坊，有各种工具和材料供孩子们自由选择、实践。

对待未来的积极态度

人们常说，年轻人对自己及国家的未来看法暗淡。事实证明，这种希望缺失的状态会导致反社会和自我毁灭的行为，如参与恐怖分子行动、滥用毒品等。斯里兰卡每年有近 6500 人自杀，其中大多数是年轻人。

和平教育的目标之一，是培养学生对待未来的积极态度。作为教师，我们应当知道如何回应学生对未来的希望和恐惧。年轻人常说他们没有未来。这意味着什么？这意味着他们在这个国家没有未来。这是一种消极思考。未来有两种：一种是我们被动迎接的未来，另一种是靠我们自己的决心和勇气创造的未来。任何一名成功人士都会告诉我们，未来由自己创造。那么，国家的未来也理应如此。

在《探索不同的未来》一书中，大卫·希克斯（David Hicks）为面向未来的教育提供了很好的见解。他提出培养儿童对未来积极态度的四个步骤：

① **思考未来**：孩子们分享他们对未来的构想、希望和恐惧。
② **探索可能的未来**：孩子们阐明他们期望什么样的未来。
③ **选择更美好的未来**：让孩子们选择自己更喜欢的、最适合自己的未来。
④ **积极的公民意识**：孩子们确定需要什么样的公民意识来适应更好的未来社会，需要培养什么样的态度和技能。

预期成果

如果对上述核心价值观进行有效教学，学生就能发生积极的改变（如下所示）。因此有必要通过和平教育进行干预，确保学生的预期行为。这些行为变化意义非凡，为评估提供了基础。一旦调查证明有这样的需求，学校就应该通过各种媒介宣传这些核心价值观，并培育、巩固之。我们相信，这些核心价值观能给学生带来以下积极影响。

① **自尊**
- 学生对自己有积极的态度。有自我认同感、能维护自尊。

② **正面肯定**
- 对社区、学校、国家、文化、民族和未来抱以建设性的态度。
- 通过赞扬、鼓励、支持、情谊、友善、感激以及相互问候，激发别人的善与美。

③ **对待学习的积极态度**
- 主动学习。
- 参与课堂活动。

④ **对待工作的积极态度**
- 表现出敬业、忠诚、坚持不懈的行为。

⑤ **对待未来的积极态度**
- 对未来抱以乐观、积极的态度。

课堂实践

- 学生们常从社交活动中汲取一些良好的品质，如积极心态。在这方面，教师以身作则，将颇有成效。如果教师品格高尚，他／她在日常生活中的所作所为会是学生学习的榜样。学生会欣赏，内化于心，外化于行。

- 伟人的生平事迹传递着振奋人心的正能量。学校课本通过介绍先进人物和事例来培育学生的品性，如勇气、决心、毅力和创造性解决问题等。假如课本缺乏这方面内容，教师可提供补充材料，并鼓励学生阅读人物传记。

- 如何欣赏学生、发掘他们的优点，是每位教师都应该真正学习并实践的艺术。在后文将提及具体方法。

- 作为一名教师，即使在最艰难的时候，也要采用积极乐观的语言。例如：不要说"你很差"，而是说"我相信你可以轻松跟上这门课"。又如：学生做10道算术题后提交批改，但你发现所有的题都算错了。此时，不建议说"真差劲"，相反，可以说"你的努力，值得表扬"。

- 用积极的语言鼓励学生努力："你能行""你有能力""我相信你一定能做到"。

- 在批改小组作业时，可以问：你们是怎么做的？这些是谁做的？你们遇到了什么问题，是怎么解决的？

- 不要谴责学生的过失，而是树立一个标兵，让学生向他／她学习。

在课堂上尽量通过积极评价来维持良好秩序。

- 不要对学生作业笼统地说"好"。例如评价绘画作业时，内容要具体。比如："这个场景的颜色选择很有特点，尤其是这片云，在夕阳下美轮美奂。"这样的评价有助于提高学生的创造力和表现力。

和平文化建设提议

1. 在晨会上进行一系列简短演讲，介绍与和平文化建设相关的积极思想和价值观。
2. 组织系列讲座，介绍伟人事迹，如甘地、林肯。强调伟人是如何积极面对生活的挑战的。
3. 开发学生自我评价工具，帮助其个性发展。
4. 邀请全国优秀学者、诗人、艺术家、作家、科学家等杰出人物进校讲座。
5. 开办班级、年级、校级、区级学生创意作品展示和展览，提高认可度。
6. 确定创新策略，为学生提供积极评价。
7. 在领导力、人际关系、沟通和创新思维等领域，为学生开设个性技能发展培训班。
8. 展示与积极感知有关的座右铭。

学习活动

积极思考

① 我引以为傲的个人品质

这是一项关于自我反省和评价他人的活动。

【适用对象】中学

【适用场景】宗教（价值观）教育 / 组织讨论时

【理念】1. 积极的态度有助于自我发展。

2. 对彼此积极品质的认可和接受，可提高团队中的相互尊重。

【目标】1. 发掘自身的积极品质。

2. 肯定他人的积极品质。

【活动】

学生们面朝里站成一圈，以非言语方式表现出他/她引以为傲的个人品质。请站在圈内的学生猜出答案，猜对者获胜。如未能猜出，表演者可给出提示。教师在黑板上记下刚才表演的品质。

【讨论】

- 欣赏孩子们身上的良好品质。
- 选取一些良好品质 / 价值观，讨论其本质、意义、功能和价值。
- 思考自己怎样才能进一步培养这些品质。
- 践行这些品质时会遇到哪些问题？如何解决？

② 用言语表达情感

这是一项在课堂上向他人表达善意和开启交流的活动。

【适用对象】小学高年级

【适用场景】演讲课／营造课堂良好氛围时

【理念】情感表达能力有助于打开心扉，沟通交流。

【目标】学习在社交场合表达善意。

【活动】

　　学生站成一圈。其中一人来到中间，告诉全班同学："我去旅行了，给大家带来了礼物。"然后，走向一位同学，做出表达善意的动作，如握手、拥抱、鞠躬等；也可以对同学说友爱之话，如"我喜欢你""你真是个好人"。

　　然后，这一行为或话语以尽可能最友好的行动或语气从一个学生传递到下一个学生。一轮结束后，另一个学生来到中间，继续同样的游戏。

【讨论】

引导性问题如下：

- 你喜欢这个活动吗？如果喜欢，为什么？
- 为什么有些人在群体中比其他人更受欢迎？请说出一个原因。
- 你从这次活动中学到了哪些好的情感表达方式？

③ 我是谁？

这是一项有助于了解自己和理解他人的聆听活动。

【适用对象】小学和初中

【适用场景】语言课 / 提高聆听技巧时

【理念】1. 成为一个独立的人，首先要了解自我。

2. 成为一个独立的人还包括接受他人为独立的个体。

3. 善于倾听和关心他人是一项基本的社交技能。

【目标】1. 鼓励学生视自己为独立个体。

2. 提高学生认真倾听他人的能力，并尊重别人作为独立个体。

3. 营造友好的课堂氛围。

【活动】

　　学生五人一组，每组围成一圈坐下，与其他组保持一定距离，以听不到其他组谈话为宜。

　　小组成员轮流以"我是谁"为主题发言 4 分钟，其他人用心聆听。可以提问题获得更多信息，但不允许打断发言人。

【讨论】

　　在活动结束时，集合全班进行讨论，助力学生学习经验并反思。引导性问题如下：

- 谈到自己时，你感觉如何？
- 小组成员是否在认真听你说话？
- 你发言时，是否给出了对自己的深刻理解？
- 你是否从别人听你发言的表现中获得了鼓励？如果是，他们是如何鼓励到你的？
- 你是否认真倾听了别人的发言？
- 你是否遇到过困难？如果有，是什么样的困难？
- 你从这次活动中学到了什么？请列举。（可写在黑板上，择

要阐释）
- 你如何将所学融入日常生活中？（讨论：理念的应用）

④ 介绍朋友

这是一项有助于彼此了解的活动。

【适用对象】中学

【适用场景】语言课、演讲课 / 营造友好的课堂氛围时

【目标】1. 在课堂上建立友好、宽容的氛围。

2. 在课堂上培养对彼此的尊重和接纳。

【活动】

如果人人参与的话，这项活动需要较长时间。因此最好分组同时进行，每组 20 分钟。

步骤 1

学生两人一组，用 5 分钟互相了解。一方应设法尽可能多地了解对方信息，理解并评价对方特质，例如：他 / 她的技能、能力、喜好、品味、理想、成就、志向。

步骤 2

学生回到课堂。每组依次上前介绍彼此，即 A 介绍 B、B 介绍 A。鼓励参与者用创新和有趣的方式进行介绍。

【讨论】

引导性问题或说明如下：

- 你从这次活动中学到了什么？
- 课堂评论友谊的价值。

- 鼓励孩子积极看待彼此，相信彼此的善意。
- 讨论记住人名的好处。
- 如何成为一个可爱的人？

⑤ 我做过的善事

这是一项关于学会善良的活动。

【适用对象】小学高年级和中学

【适用场景】宗教（价值观）教育 / 对善良品质进行讨论时

【目标】唤起学生的利他情绪并强化这种善事善行。

【活动】

　　学生五人一组，围成一圈，与其他组保持一定距离，以听不到其他组谈话为宜。每组成员轮流讲述自己曾做过的好事，如帮助、给予或分享。其他人认真倾听。一人讲完后，小组进行评价，直到所有人完成为止。

【讨论】

　　学生回到课堂。将每组做过的善事善行写在黑板上，并将之归类。向学生提问如何进一步培养这些品质，会遇到哪些困难，如何解决这些困难。

⑥ 关于正面肯定的游戏

这是一项关于正面肯定他人、重视他人的活动。

【适用对象】小学高年级 / 初中

【适用场景】体育课 / 进行团队建设时

【目标】1. 体验自尊。

2. 提高肯定他人的技巧。

【活动】

学生排队绕圈慢慢行走。行走时,一名学生被推到圈中,其余人给予他 / 她积极的评价。评价内容可涉及天赋、技能和品质等。例如:

- 跑得快
- 是所有人的好朋友
- 前途一片光明

每个人说完后,圈中学生回到队伍里。下一位学生被推至圈中,游戏继续。

【讨论】

引导性问题或说明如下:

- 你喜欢这个活动吗?
- 在活动过程中,你是否发现了自己身上的某些东西?
- 再思考:"一个人必须学习和练习如何给予别人正面评价。"

(注:鼓励孩子们发表有创意的评论,这不仅能使受评者感觉良好,还能为活动增添乐趣。)

7 猜猜看

这是一项关于肯定他人的活动。

【适用对象】小学高年级 / 初中

【适用场景】社会课 / 建立自我价值时

【材料】每人一张纸、一支笔

【理念】积极评价具有激发人们最佳自我的力量。

【目标】1. 鼓励彼此肯定。

2. 建立自尊。

【活动】

每个学生独自在纸上写下对某位同学有趣的、赞赏的评论，把纸折好交给教师。收集完所有纸条后，教师大声读出每张纸条上写的评价。

每读一个评价，让全班猜猜看这写的是谁。写纸条的人在猜出正确答案之前不给任何提示。一旦猜测正确，就将纸条送给被评价的学生。之后活动继续进行，直到猜出所有名字。

【讨论】

引导性问题或说明如下：

- 你喜欢这个活动吗？
- 你的朋友欣赏你的哪些才能、技能和品质？（邀请每个学生进行评论）

【任务】

每人把最后收到的纸条贴在一张纸上保存。回家与父母一起分享。

（注：有可能某些学生会收不到评价。为了避免此类问题发生，把学生分成两人一组，互相评价，但不要透露写了什么。）

8 我的盾牌

这是一项深度了解自我的活动。

【适用对象】 中学

【适用场景】 宗教（价值观）教育 / 帮助学生了解自我时

【材料】 每人半张纸、一支铅笔

【目标】 1. 帮助了解自我。

2. 增进课堂上的相互了解。

【活动】

步骤 1

向学生解释什么是盾牌。请每个学生画一个足够大的盾牌向全班展示，形状不限。让学生在盾牌上画四个大格子，每个格子里标注一个符号。将格子从 1 到 4 编号。

示例

在每个格子里中画一个符号，代表你的某个特征。

- 格子 1：我人生的最高期望
- 格子 2：我最好的品质
- 格子 3：我最大的优点 / 才能
- 格子 4：我最大的弱点

步骤 2

学生依次上前，展示自己的盾牌，并解释每个格子里画的符号含义。

【讨论】

引导性问题或说明如下：

- 这个活动是否能帮助你更深入地了解自己？
- 你觉得很难决定每个符号吗？
- 这个活动是否也能帮助你了解你的朋友？
- 你能从这次活动中得到什么收获？

（注：由于缺乏对符号的理解，有些学生可能会觉得活动很难进行或感到困惑。因此在介绍时有必要解释什么是符号，并举例说明，或者先做一个简单练习。）

⑨ 用身体语言表达情感

这是一项学习如何有效表达情感的活动。

【适用对象】中学

【适用场景】课堂管理 / 上课前活跃气氛时

【目标】1. 表达和接受情感。

2. 提高自尊。

3. 营造班级友好氛围。

【活动】

步骤 1

在活动开始前，请简要解释以下要点：

- 爱、友谊和情感是人类美好的品质。
- 如果人们彼此关爱，世界会变得更加美好。
- 与人交往时，学会情感的表达技巧很重要。

下面进行一个趣味游戏，可以帮助大家学习如何向他人表达情感。

步骤 2

学生面朝里站成一个大圈。选择一名学生站在中间，准备接受所有人的情感表达。开始后，每个学生走到中间，用身体语言即触碰或手势，表达对他／她的情感，例如：

- 握手
- 抚摸脸颊
- 轻抚头部
- 微笑
- 拍拍肩膀
- 鞠躬表示尊敬
- 做一个"爱"的动作
- 拥抱

（鼓励更多的创新方式）

步骤 3

一圈轮完后，圈中学生回到队伍里。每个人闭上眼睛，把指尖放在前一个人的肩膀上，轻轻敲击，使其感到愉悦和放松。敲击由轻柔逐渐加快加重，达到一定程度后缓和下来，直到结束。动作在可承受范围之内，如雨点滴落般。然后学生转向另一个方向，以同样的方式重复动作。

敲击结束后，再选择一名学生作为接受者立于圈中，重新开始活动。

【讨论】

引导性问题如下：

对接受者的提问

- 当收到同学的关爱时，你有什么感觉？
- 你对同学的看法是否有改变？现在你怎么看待他们？

- 描述被爱的感觉。

对其他参与者的提问

- 你喜欢表达自己的情感吗？
- 如果在表达情感后感到很开心，请举手。
- 敲击的动作让你感觉好点吗？
- 从这次活动中，你学到了什么？
- 在日常生活中，你如何应用这些情感表达方式？

（注：在某些文化中，触摸异性是禁忌行为。可将男生女生分组进行活动。）

⑩ 我喜欢做的事情

这是一项探索如何有效利用闲暇时间的活动。

【适用对象】中学

【适用场景】健康科学课 / 讨论如何利用闲暇时间时

【目标】探索高效、轻松的休闲方式。

【活动】

步骤 1

解释以下理念：

- 生活应该追求快乐和幸福。
- 我们必须学习有效的方式来享受生活。
- 反思我们现在的休闲方式。

步骤 2

学生围坐一圈，每人用 3 分钟介绍他 / 她的休闲方式。例如：

- 和朋友们一起玩
- 和朋友出门远足/野餐
- 放风筝
- 照料花花草草

步骤3　个人任务

请每个学生用清单列出自己喜欢做的事情。

步骤4

学生拿着清单，自由组合。两人一组，互相介绍各自喜欢做的事情。介绍完后，自动分开寻找下一位同学结成新组。活动旨在让学生了解其他人的休闲方式，并分享自己的方式。

【讨论】

引导性问题如下：

- 同学们的共同爱好有哪些？
- 你听到的"不太常见"的活动有哪些？
- 你认为哪种方式最有趣？
- 你有听到一些不良休闲方式吗？请举例。
- 不良休闲方式有什么特点？
- 人们为了享乐而进行的不良活动和坏习惯有哪些？

⑪ 过去的我，现在的我

这是一项了解一个人成长过程的活动。

【适用对象】小学高年级/初中

【适用场景】健康科学课/以成长为讨论主题的课堂

【材料】每人一张纸、一支笔

【理念】1. 了解一个人成长模式的重要性。

2. 不断发生的积极变化意味着不断的成长。

【目标】帮助了解一个人的成长模式。

【活动】

步骤1　准备讨论

讨论成长对人生的意义。重点如下：

- 人生是一个不断成长的过程。
- 我们的身体、智力和社交能力都在发展。
- 成长意味着向积极方向转变。随着我们的长大，原有的习惯、价值观、态度、兴趣、信仰和观点也在不断改进。

步骤2　个人任务

比较你现在和过去的性格。找出近三年发生的五个重大变化，写在纸上。例如：过去我在家里很爱夸夸其谈，和朋友在一起时也很健谈。但现在我一改往日，说话尽量有理有据、谨慎冷静。

步骤3　采访

全班分成八人一组。每组坐成一圈。选择一名成员作为采访人。他/她根据以下提示逐个采访小组成员。其他人认真聆听。

采访提示如下（写在黑板上）：

- 过去三年中，你最大的改变是什么？
- 请解释一下这是怎么发生的。
- 是什么原因造成了这种变化？
- 你在生活中观察到的变化模式是什么？

步骤 4

小组采访结束后，学生在教室里随意走动，自由交谈，询问对方的变化。

【讨论】

引导性问题或说明如下：

- 觉得这次活动对自己有益的，请举手。
- 你从活动中学到的最重要的东西是什么？
- 小组成员的共同变化是什么？
- 什么因素会影响人们的积极变化？

⑫ 杰出人物扮演

这是一项致敬模范、学习模范、效仿模范的活动。

【适用对象】小学高年级 / 初中

【适用场景】历史课 / 文学课 / 讨论伟人生平事迹时

【活动】

步骤 1

学生三人一组，与其他组保持一定距离以免受到干扰。每组选择一位成员扮演角色，另两位作为采访人。"演员"想象自己是一个杰出人物或伟人，如社会工作者、慈善家、自然主义者、和平缔造者、悬壶济世的医生等，模仿角色说话。

采访人向具有高尚品质的"演员"提出各种问题，如工作、动机、态度、愿景等。活动目的在于帮助学生了解杰出人物的崇高思想。

步骤 2

采访结束后,大家感谢"演员"的演出。角色扮演轮流进行,直到每个组员完成体验。

【讨论】

- 找出并讨论人类历史上伟大人物的共同特征。
- 介绍某位伟人的生平故事,激发学生阅读兴趣,如弗洛伦斯·南丁格尔(Florence Nightingale)、亚伯拉罕·林肯(Abraham Lincoln)、阿育王(King Ashoka)等。

⑬ 积极面对挑战

这是一项关于以积极心态面对困难的活动。

【适用对象】中学高年级

【适用场景】历史课 / 文学课 / 组织如何面对困境的讨论时

【理念】1. 以积极心态面对生活。

2. 不为物喜,不为己悲。

【目标】面对挑战时,保持心态平和、积极。

【讨论】

向全班讲述历史或文学中的一个不幸事件。

示例

- 被关押在纳粹集中营里的犹太人。

告诉学生:假设你是犹太人,被纳粹士兵逮捕送进集中营。在那里骇人听闻的事情时时发生。有些人精神崩溃,你随时可能被杀。你决定抛弃绝望的想法,完全以积极的心态度过剩下的日子。请思考至少六条积极生活指南。学生六人一组进行讨论，并向全班展示结果。

【讨论】

引导性问题如下：

- 你最初的想法是什么？
- 当发现一种积极的方式时，你感觉如何？
- 你如何定义人格的力量？
- 你从活动中学到了什么？
- 列举那些积极面对生活挑战的人。

⑭ 假如？

这是一项关于如何从苦难中看到希望的活动。

【适用对象】中学

【适用场景】引导/讨论如何塑造性格时

【活动】

列出可能发生在自己身上的四种消极情况。例如：

- 上不了大学
- 找的工作在偏远的农村地区
- 找不到工作
- 在一个粗鲁的老板手下干活

将班级分组。每组分得其中一种情况，讨论如何在既定的环境中做到最好。讨论结束后，列出答案，进行展示。

⑮ 失踪的朋友

这是一项关于正面肯定他人的活动。

【适用对象】高中

【适用场景】语言课 / 想要提高演讲技巧时

【目标】1. 提高肯定他人的技巧。

2. 获得乐趣。

3. 对他人进行评价。

【活动】

全班分成 12 人一组，每组坐成一圈。每组选出两名成员，一人扮演警察，一人扮演朋友失踪的报案人。

"报案人"选定组内一名成员作为失踪的朋友，报告警方他 / 她失踪了。但"报案人"不能说出朋友的名字，面对"警察"的询问，只能回答朋友所拥有的品质或技能。

听到正面的描述后，"警察"有三次机会猜选这位朋友。如果没有猜对，就要让给其他成员来当"警察"。活动可轮序进行。

【讨论】

引导性问题如下：

- 你喜欢这个活动吗？为什么？
- 你从中学到了什么？
- （向报案人提问）你觉得用朋友的品质描述他 / 她容易吗？
- （向失踪的朋友提问）当报案人对你进行正面描述时，你感觉如何？
- 你将如何运用从这次活动中学到的知识？

教师自我评估表

时间：从_____到_____　　核心价值观：**积极思考**

需要强化的行为	融入路径									对学生积极变化的影响		
	语言	社会	体育	艺术	科学	其他学科	课外活动	课堂管理	教学方式	学科视角	非常有效	有效	没有效果
1. 对待自己和他人的积极态度	F	F	F	F	F	F							
	F	F	F	F	F	F							
2. 正面肯定如赞美、鼓励、问候等	F	F	F	F	F	F							
	F	F	F	F	F	F							
3. 对待工作的积极态度	F	F	F	F	F	F							
	F	F	F	F	F	F							
4. 对待学习的积极态度	F	F	F	F	F	F							
	F	F	F	F	F	F							
5. 对待未来的积极态度	F	F	F	F	F	F							
	F	F	F	F	F	F							
总频率													

√ = 讨论
X = 活动中讨论
F = 次（频率）

评价：_____

职业发展的建议：_____

完善指南的建议：_____

指导教师：_____

11　心怀同情，择善而行

像母亲疼爱独子一样，爱惜人类社会。

——佛陀

教学目标

- 心怀同情看待人类问题
- 练习冥想、心怀同情进行祈祷
- 重视非暴力
- 主张避免各种暴力行为
- 当别人分享委屈时，表达同情与温情
- 善待动物
- 善于聆听
- 描述宽恕的好处

核心价值观

- 非暴力
- 友善
- 同理心
- 平和

教学内容

- 概念理解
- 非暴力
- 友善
- 同理心
- 平和
- 预期成果
- 课堂实践
- 和平文化建设提议

学习活动

1. 心怀同情去冥想
2. 心怀关爱去冥想
3. 解读表情
4. 接触交谈
5. 你画我也画
6. 我喜爱的动物
7. 鸟妈妈的哭泣
8. 心怀同情的好处
9. 用心倾听
10. 学会宽恕
11. 带着同理心去倾听

概念理解

简言之，同情是一种最崇高、最纯粹的品质，包含非暴力、友善、同理心与平和。它使人们摆脱对自我利益的追求，看到身边人的痛苦。这是做人的本质。

我们被教导要富有同情心，并将之作为生活的最高指导原则。同情促使我们与人为善、乐于助人、关心他人。下面，对同情的四种基本形式进行分析。

非暴力

非暴力是富有同情心的生活中不可或缺的积极品质，意指放弃一切暴力行为和动机。在冲突中使用非暴力，并不意味着屈服于非正义之事。反对非正义的斗争有许多文明和民主的方式。甘地在与英帝国的斗争中展示出非暴力运动的力量。他认为只有懦夫才会拿起武器。非暴力运动人士的力量来自真理、正义、内在信念和同情。以下是非暴力的原则：

> 仇恨不能征服仇恨。只有慈悲才能战胜仇恨。
> ——佛陀

> 如果有人打你的左脸，你也要送上右脸。
> ——耶稣基督

> 善者，吾善之；不善者，吾亦善之，德善。
> ——老子

> 如果一个人过着非暴力的生活，他就不需要进行其他宗教行为，因为非暴力生活本身就是宗教的最高形式。
>
> ——《古拉尔箴言》[1]

> 没有比同情更有力的武器了。
>
> ——甘地

友善

这是一种激励人去帮助、服务那些受苦受难者的心理状态。友善不求回报、不讲利益，超越锱铢必较的自我。一个人可以通过思维方式、说话和行为方式对他人做出善意的回应。

友善自然也会延伸到动物身上。孩子们通过善待动物来学习善良的第一课。当孩子们学会不杀动物时，他们也学会了不杀人类。一只蚂蚁都不想杀死的人，也不会杀人。然而，现代人对待动物的仁慈之心正逐渐消失。无论是实验室、还是农场和屠宰场里，动物都被残忍对待。有数据显示，1980 年仅在实验室，就有近 7000 万只动物因研究目的而被杀害。著名神经学家贝内特·德比（Bennett Derby）博士说，90% 的动物实验是重复且有严重缺陷的，对人类实验并不具备参考价值。人类要善待动物。

> 地上的野兽与天上的飞鸟，无一不是像你们一样的民。所有真主的创造物都是他的家人。
>
> ——先知穆罕默德（Prophet Mohammad）

---

[1] 《古拉尔箴言》为古印度泰米尔语道德格言诗集。——编者注

> 为了自己的快乐而伤害无辜的人，无论活着还是死去，都永远找不到幸福。不想给众生造成束缚和死亡的痛苦，而是渴望一切的善的人，就会获得永恒的幸福。
>
> ——摩奴（Manu，印度教道德准则）

同理心

这是一种对他人的快乐和痛苦表示关心与共情的情感反应。同理心能够帮助我们理解和体会他人的感受，尝试（在想象中）将自身置于他人内心世界。尽管心理学多将该词用于理论探究，但在此，我们只谈它的一般内涵，即敏感、友好、热情和关爱。

与同情心一样，同理心不仅包括对人类同胞的情感，还包含对动物和自然环境的情感。这些品质对于人类的生存至关重要。当前，人类的同理心遭遇非人性化社会力量的破坏，逐渐被利己主义、个人主义、自私自利和残酷竞争所取代。作为养育和教育青少年和儿童的一部分，人类这种重要的情感反应必须得到保护和发展。孩子们天生具有丰富的同理心。通过提供同理心体验，和平教育可以唤醒孩童的真实本性。而传统课程很少注重同理心的培养。

平和

平和是指面对生活压力和挑衅时，保持头脑和脾气超然冷静的心态。此外，它还包括宽宏大量、豁达开朗的品性。

培养孩子同情心的最佳方法是提供机会，通过行动来体验之。例如：

- 理解（别人）
- 感同身受
- 提供支持/帮助/服务
- 宽容
- 表达温暖
- 关爱
- 关心/慰问/劝告/安慰
- 倾听
- 尊重
- 给予
- 友善

本主题旨在培养孩童这些行为，以便观察他们与旁人日常互动时的表现。

预期成果

① **非暴力生活**
- 摒弃一切有害行为
- 以非暴力方式解决冲突

② **与人为善**
- 理解并关心他人的需求和感受
- 为他人着想
- 帮助他人
- 举止有礼

- 关爱
- 认真倾听他人的问题

③ **有同理心**
- 行为友好
- 言谈举止得体
- 宽容
- 真诚
- 真心实意地表达赞赏、祝贺和感激
- 健康的社交互动

④ **心平气和**
- 克制脾气，保持冷静
- 宽容
- 随和
- 沉着应对挑战

课堂实践

社会 / 语言
- 当讨论历史、地理和文学中有关人类的各种问题时，以富有同情心的视角来进行描述。
- 讲述故事，强调同情的行为。

艺术
- 选择能建立同情心的主题，如用你最喜欢的动物家庭的形式画出你的家人。

宗教

- 引入能唤起同情心的冥想和祈祷。

环境研究／科学

- 鼓励学生热爱动物、植物和自然环境，而不是把它们当作可供人类利用的东西。

和平文化建设提议

① 尊重学生的友谊。以适当的方式为他们提供便利，如让朋友坐在一起。鼓励学生组织生日庆祝会、班级联欢会和娱乐活动，但同时应该遵循学校所倡导的勤俭节约美德。这样的社交活动有利于创造快乐的课堂氛围。

② 在教室和校园提倡礼貌行为，如问候、感谢、举止得体、自律、善言善行等。

③ 鼓励学生为自己组织福利活动。

④ 提倡小组互动式学习。

⑤ 尊重并鼓励学生开诚布公表达意见、需求和感受。

⑥ 将唱歌、角色扮演、短剧等审美活动融入课堂，让学习充满乐趣。

⑦ 组织社区发展项目，如帮助贫困家庭盖房、打扫村庄、植树、为村民医疗诊所服务。

⑧ 在校组织关于同情心的讲座。

学习活动

心怀同情，择善而行

① 心怀同情去冥想

这是一项唤醒同情心的活动。

【适用对象】小学高年级 / 中学

【适用场景】宗教（价值观）教育 / 试图建立人类的深层次情感时

【目标】1. 培养对自己和他人的同情心。

2. 体验同情心带来的内心喜悦。

【活动】

步骤1

建议静坐，让身体放松，保持绝对静止和平静。闭上双眼，放轻松，让头脑冷静下来。

当内心平静时，祝福自己"愿我快乐""愿我健康""愿我远离痛苦"。当你在心里重复这些愿望时，对自己的爱意缓缓升起，想象你正在被治愈。

步骤2

现在想想自己的父母和所爱之人，用同样的方式祝福他们："愿他们快乐""愿他们健康""愿他们远离痛苦"。当你在心里重复这些愿望时，对他们的爱意自然流露。想象你的爱治愈了他们，他们变得更快乐、更健康。

步骤 3

对万物众生心怀慈悲，祝福"愿众生快乐""愿众生健康""愿众生远离痛苦""不要憎恨他人""不要恐吓或威胁他人""愿人人和睦相处"。当你在心里重复这些愿望时，想象并感觉这份同情心延伸到所有人，给地球带来和平。

② 心怀关爱去冥想

这是一项培养对他人关心、关爱之情的活动。

【适用对象】 小学高年级 / 中学

【适用场景】 宗教（价值观）教育 / 环境研究 / 道德讨论

【目标】 1. 培养对他人的同情心。

2. 体验关心他人的感受。

【活动】

步骤 1

静坐，让身体放松，保持绝对静止和平静。闭上双眼，放轻松，让头脑冷静下来。

步骤 2

想想那些关心你的人。被他或她关心的感觉如何？当他 / 她关心你时，用心感受他 / 她当时的感受。现在作为回报，想象你正在关心他 / 她，享受你对他 / 她表达爱和善意的感觉。

想象你关心更多的人。你如何关心他们？设想一下在不同情况下照顾他人的各种方式。向别人表达你的体贴与关怀。

步骤 3　讨论

与学生讨论在不同情况下关怀的意义，如珍视家庭、重视课堂、关心遇到问题的朋友、照看生病的家人等。

请学生根据自己的真实感受，完成下列句子（不要重复别人说过的话）：

- 当有人关心我时，我感觉＿＿＿＿＿＿＿＿＿＿＿＿＿＿＿＿
- 当我很在乎某人时，＿＿＿＿＿＿＿＿＿＿＿＿＿＿＿＿＿
- 我在意＿＿＿＿＿＿＿＿＿＿＿＿＿＿＿＿＿＿＿＿＿＿＿
- 我希望＿＿＿＿＿＿＿＿＿＿＿＿＿＿＿＿＿＿＿＿＿＿＿

③ 解读表情

这是一项感知他人感受的活动。

【适用对象】初中

【适用场景】语言课 / 创意写作课

【材料】一组带有不同面部表情的人物照片

【目标】培养同理心。

【活动】

全班分成六人一组。给每组一张照片，让他们静静观看，试着解读人物的情绪和性格。

【练习】

- 假设自己是所观察的人物，写下他/她的感受。
- 在课堂上分组表演出人物的感受。

【讨论】

引导性问题如下：

- 为什么理解别人的感受很重要？
- 我们如何解读一个人的感受？

④ 接触交谈

这是一项反映我们如何理解他人信息的活动。

【适用对象】小学高年级

【适用场景】语言课 / 关于人际沟通的讨论

【目标】1. 了解阻碍沟通的因素。

2. 获得乐趣。

【活动】

学生在教室里自由走动，听到教师给出的信号后马上停下，与旁边的人结成对子。他们手拉手，掌心对掌心。静默两分钟，试着读出对方的心思。第二个信号发出后，他们闭上眼睛，通过触摸对方手掌来交流信息，不准说话。下面是可供选择的信息：

- 我们做朋友吧。
- 我们一起去散步。
- 你人真好。

学生 A 在两分钟内通过触摸学生 B 的手掌向 B 传递信息，B 接收 A 的信息，但不能说出来。然后角色互换。一轮结束后，双方可以询问对方收到了什么信息，判断是否正确。然后下一轮开始，学生重新组合。每人至少要完成五轮活动。

【讨论】

引导性问题如下：

- 你试图传达什么类型的信息？
- 能正确理解至少一条信息的人，请举手。
- 要理解他人的信息，需要注意什么？
- 除了说话，还有哪些交流方式？
- 人们接收的信息和我们发送的信息总是一致的吗？
- 造成信息误解或扭曲的原因是什么？
- 你从这次活动中学到了哪些关于沟通的知识？
- 你将如何在与他人的日常交流中运用这些知识？

⑤ 你画我也画

这是一项学习如何进行有效双向沟通的活动。

【适用对象】中学

【适用场景】绘画课 / 关于沟通的学习

【材料】两人一组，每组三张纸

【目标】1. 懂得他人并不总是能同样地理解我们所说的话。

2. 认识到自己的交际能力。

3. 证明双向沟通优于单向沟通。

【活动】

步骤 1

学生两人一组，面对面坐着。

学生 A 画一幅画（如一所房子、一棵树、想象中的野兽或一个村庄），但不能给学生 B 看。画完后，A 向 B 描述他的画，B 试着边听边画出来。双方不允许相互展示或看到对方的画。B 在画的过程中，保持沉默，不许提问。完成后，B 在画上写上"第一次尝试"，将画反扣在桌上。

步骤 2

第二次，需要 B 重新画一遍。A 再次描述他的画，让 B 边听边画出来。这次同样不可以看到对方的画，但 B 可以询问 A 一些详细信息。当 B 完成画作时，命名为"第二次尝试"。A 在自己的画上写上"原作"。然后，双方交换作品观看并比较。

每组整理好作品，A 的原作与 B 的两次画作放在一起，进行班级展示。学生比较三幅画作的异同。

【讨论】

引导性问题如下：

- 你喜欢这个活动吗？请给出理由。
- 哪位学生的画作更接近原作？
- 在第一次和第二次尝试的画作中，哪一幅更接近原作？（第二次的画作很有可能与原作更相似，因为在第二次，学生可以通过提问获取更准确的信息。这证明双向沟通比单向沟通更加有效。）
- 找出作品差异明显的小组。采访他们并了解造成差异的原因。他们存在哪些沟通问题？
- 找出作品相似的小组。了解其作品相似的原因。
- 我们如何以他人能够真正理解的方式向他们解释某件事？为什么我们不能理解有些人的话语？

- 通过这次活动，你学到了什么？（将学生的收获写在黑板上并表示赞赏）
- 你将如何运用刚才学到的东西？

⑥ 我喜爱的动物

这是一项培养对动物的爱心的活动。

【适用对象】 小学

【适用场景】 语言课 / 创意写作课

【目标】 培养对众生的友爱之心。

【活动】

步骤 1

列举一些值得我们学习的动物，例如：

- 爱干净的猫
- 对主人忠诚的狗
- 有母性光辉的奶牛

（全班举出更多例子，写在黑板上）

步骤 2

请学生选择自己最喜爱的动物，写一篇作文（表达赞美之情的诗歌 / 散文 / 信）。写完后，读给全班听，共同欣赏。

【讨论】

引导性问题如下：

- 你享受写作的过程吗？
- 我们如何杜绝伤害动物或其他生物的行为？

⑦ 鸟妈妈的哭泣

这是一项关于杜绝伤害生灵的活动。

【适用对象】小学

【适用场景】宗教（价值观）教育 / 语言课 / 创意写作课

【目标】1. 提高创意写作技巧。

2. 培养同理心。

【活动】

步骤 1

讨论一些伤害生灵的残忍行为，例如：

- 破坏鸟巢
- 朝小鸟扔石头
- 在家虐待猫狗
- 捕杀蛇类

步骤 2

设想情景进行情景写作。

示例

校园里一棵树上有个鸟巢。一群孩子在树下向鸟巢扔石头取乐。鸟妈妈很害怕，因孩子们的无情举动而悲鸣不已。

请以鸟妈妈的视角，写一篇文章呼吁孩子们停止伤害小鸟，并赏析佳作。

【讨论】

- 你在写文章的时候感受如何？
- 你从这堂课中真正学到了什么？

- 我们如何帮助鸟类生存？
- 假如所有鸟类都灭绝了，生活在没有鸟的世界里，你的感受会如何？

⑧ 心怀同情的好处

这是一项了解我们为何需要培养同情心的活动。

【适用对象】中学

【适用场景】宗教（价值观）教育 / 关于社会暴力的讨论

【目标】重视同情心的培养。

【活动】

步骤 1

在黑板上写下"同情"一词。问学生：当你听到这个词时，会想到什么？感受到什么？邀请每个学生到黑板前写下答案。

步骤 2

在学生的参与下，找出更多富有同情心的行为，一一列出。根据这些行为，共同讨论同情的本质是什么。

步骤 3

将学生分组，讨论并列举 10 条以上同情心给个人带来的善果。

例如：

- 人们开始喜欢你。
- 你会结交到更多的朋友。

各小组进行成果展示。教师在黑板上一一列出。

【讨论】

- 母亲如何对孩子表达怜爱之情？
- 讲述你曾见到的富有同情心的行为。
- 你在日常生活中如何表达同情？

⑨ 用心倾听

这是一项关于提高倾听能力的活动。

【适用对象】 中学

【适用场景】 语言课 / 学习倾听他人时

【目标】 1. 了解提高倾听能力的必要性。

　　　　2. 找出错误的倾听行为，避免其发生。

【活动】

步骤 1

解释以下理念：

- 倾听与说话同等重要。
- 和说话一样，一个人必须学习和提高倾听能力。
- 我们需要用心倾听别人。

步骤 2

请学生列举他们见过或经历过的不良倾听行为，并写在黑板上。

例如：

- 听的时候心不在焉。
- 打断对方说话，跳转话题。
- 借题自吹自擂 / 说太多与自己有关的事情。

步骤 3

本活动旨在让学生体验别人不认真倾听自己的感受。两人一组。其中一个学生从下面列表中选择一个主题，进行 3 分钟的讲话。

- 我在学校遇到的一个问题
- 我最喜欢的游戏
- 我生活中的一件乐事

当学生 A 讲话时，学生 B 故意表现得不认真听讲。轮到 B 讲话时，A 也有意表现得不专心。

步骤 4

这次选择列表中的其他主题，一人讲话，另一人认真聆听。3 分钟后角色互换。

讨论

引导性问题如下：

- 请分享你在倾听练习中学到的最重要的东西。
- 当别人没有认真听你讲话时，你的感受如何？
- 当别人认真听你讲话时，你的感受如何？
- 导致人们不认真倾听别人的原因是什么？（如：在想别的事、只关注自己、说话无趣等）
- 你有什么方法可以吸引听众的注意？如何让讲话生动有趣、吸引人？

（注：这项活动还可以借助其他错误的倾听方式进行，如突然转变话题、借题自我吹嘘等。）

⑩ 学会宽恕

这是一项关于学会如何宽恕的活动。

【适用对象】 中学

【适用场景】 宗教（价值观）教育 / 讨论化解冲突的方法时

【目标】 重视宽恕。

【活动 1】

步骤 1

让学生了解宽恕的重要性。解释什么是宽恕。请学生举例说明。

步骤 2

案例分析

帕拉给阿肖克起了个外号，大家都哈哈大笑。阿肖克很生气，径直走到帕拉面前攻击了他。双方打起来，幸好有人把他们拉开。几天过去了，阿肖克仍然很生气。他满心愤懑，觉得还得再打帕拉一顿。

邀请几名学生扮演愤怒的阿肖克。每人都必须表达他愤怒的想法。就此环节，对将愤怒留在心中而不解决它进行讨论。在黑板上列出下表，分别探讨不宽恕和宽恕的好处。

不宽恕的好处	宽恕的好处
1.	1.
2.	2.
3.	3.

【讨论】

引导性问题如下：

- 我们有什么发现？
- 我们为什么找不出不宽恕的好处？
- 我们可以得出什么结论？

【活动2】

邀请刚才的学生再次角色扮演。这次改变阿肖克的态度（假设他这次原谅了帕拉，并与之重建友谊）。讨论这次角色扮演中表现出的新内容。

⑪ 带着同理心去倾听

这是一项关于如何培养同理心去倾听他人的活动。

【适用对象】初中

【目标】1. 体验别人带着同理心倾听自己。

2. 理解带着同理心倾听别人的重要性。

【活动】

步骤1

全班分为三人一组。各组之间保持一定距离，以免受到干扰。

在黑板上写下主题"我生活中的一件伤心事"。请小组每个成员讲述他/她遇到的一件伤心事。另两位用心倾听，换位思考，体会他/她的情绪和想法。

讲述完毕后，每名倾听者表达自己在倾听时的感受。

示例

假如讲述者谈起家里失窃，倾听者表示自己感同身受，可以说："听完你家的遭遇，我们感到十分震惊。我们能体会你得有多伤心，也欣赏你承受此事的勇气。"语言表达越丰富，效果越好。

之后轮到第二位成员讲述自己的故事，直到每人分享并收到富有同理心的反馈后结束。

【讨论】

引导性问题如下：

- 当你发现别人在认真倾听时，你的感受是怎样的？
- 你的朋友们真的能理解你的感受吗？
- 当别人对你表达他们的感受时，你有什么想法？
- 你从这次互动中学到了什么？

教师自我评估表

时间：从_____到_____　　核心价值观：**心怀同情，择善而行**

需要强化的行为	融入路径										对学生积极变化的影响		
	语言	社会	体育	艺术	科学	其他学科	课外活动	课堂管理	教学方式	学科视角	非常有效	有效	没有效果
1. 非暴力生活	F	F	F	F	F	F							
	F	F	F	F	F	F							
2. 与人为善	F	F	F	F	F	F							
	F	F	F	F	F	F							
3. 有同理心	F	F	F	F	F	F							
	F	F	F	F	F	F							
4. 克制脾气，保持冷静	F	F	F	F	F	F							
	F	F	F	F	F	F							
总频率													

√ = 讨论
X = 活动中讨论
F = 次（频率）

评价：_____

职业发展的建议：_____

完善指南的建议：_____

指导教师：_____

12　寻求内心和平

世间最美好的事物无法用双眼捕捉，亦无法用双手触碰。

唯有用心去感受，美在其中。

——海伦·凯勒（Helen Keller）

教学目标

- 内心自律
- 行为自律
- 言语自律
- 提高行动意识
- 生活知足

核心价值观

- 解决内心冲突
- 自我认知
- 精神需求
- 冥想

教学内容

- 概念理解
- 和平是化解内心冲突的良药
- 自我认知
- 儿童的精神需求
- 课堂练习冥想
- 儿童的想象力
- 意识练习
- 儿童冥想类型
- 预期成果
- 和平文化建设提议

学习活动

1. 行走冥想
2. 静心观察
3. 学会放松
4. 体验内心和平
5. 放下执念
6. 心灵即刻安宁
7. 冥想当下
8. 冥想善良
9. 冥想分享
10. 冥想清醒
11. 控制愤怒

概念理解

联合国教科文组织《组织法》序言指出："战争起源于人之思想，故务需于人之思想中筑起保卫和平之屏障。"这句话为本主题提供了指导原则。"学会做人"意味着学会与自己和平共处。和平可以在我们内心得到体验。内心和平源自内在的丰富，如同情、喜悦与智慧。在这里，我们必须了解"生而为人"的意义。它是一个人体验快乐健康生活的精神状态。

和平是化解内心冲突的良药

内心浅层次的平静可以通过解决心理冲突来体验。正如我们所知，冲突可以是外部的，也可以是内部的。事实上，大多数冲突是内部的，包括个人内心斗争。西格蒙德·弗洛伊德（Sigmund Freud）认为，我们的心灵无异于一个战场，在那里，生之本能与死之本能相互冲突，本我和超我几乎永久对立。关于内心冲突的本质，许多心理学家皆有着墨。

德国心理学家库尔特·勒温（Curt Lewin）提出了冲突理论，其中包括以下三种子类型：

① **双趋冲突**

在此类冲突中，个体必须在两个具有吸引力的选项之中做出抉择。比如，对两个同样吸引人的工作进行选择。

② **双避冲突**

在此类冲突中，个体必须在两个不具有吸引力的选项之间做出抉择。假设一个人找到两份工作，这两份工作都没有吸引力，但在这种情况下，他/她被迫必须选择其一。

③ 趋避冲突

在有些冲突条件下，个体一方面要接近某个目标，而同时又想回避这一目标。既有积极因素吸引着他／她，又有消极因素排斥着他／她。

美国心理学家埃里克·埃里克森（Erik Erickson）认为，人的心理成长源于内心冲突的健康解决。他指出，个体在每个生命阶段都会面临一种普遍的心理冲突。无法解决内心冲突将阻碍其进一步成长，甚至导致消极行为。许多对犯罪分子和恐怖分子的研究证实了这一点。他们当中一些人由于无法化解内心冲突，如童年经历的严重伤害，而被迫采取暴力的生活方式。显然，一个不能与自己和平共处的人也无法与他人和平共处。那么，我们应当如何帮助孩子化解他们内心的冲突？

自我认知

要解决一个人的内心问题，首先必须学会审视内心、读懂内心，感知和理解困扰心灵的疑惑。一个人越了解自己，他／她的心理就越成熟。帮助孩子学会内省、了解自我是一项重要的生活技能。目睹世界各地人们常做出愚蠢、不成熟的行为，这种教育需求的严重性可见一斑。人类的许多破坏性行为源于他们内心深处未解决的冲突。显然，一个不能与自己和解的人，也无法与他人和解。

儿童的精神需求

本主题旨在阐明儿童的精神需求。我们所提及的"灵性"并非传统意义上的宗教信仰。生活中的平静来自所有信仰背后蕴藏着的人类深厚精神。和平教育探至人类的深度思想，于是触及"灵性"的核心非常必要。这里所说的"灵性"，根植于人的本质，通过最大程度地表达善、体验善来寻求心灵的满足。它驱使我们存善念、说善言、行善事，寻找内心深处的真正意义和价值。目前的教育甚至还未能认识到儿童的精神需求。

儿童的精神需求微妙而强烈。他们想要体验快乐、美丽、关爱、温暖、善良和奇迹。他们喜欢美好的感觉。教育应该满足孩子们的这些精神期盼。倘若剥夺他们的希望，必定会阻碍他们健康人格的形成。

内心和平不止步于解决心理冲突。我们的内心需要深层次的平静。我们都有过这样的体验：当人安静下来，一股安稳、平静的喜悦便渐渐在心头蔓延开来。冥想是实现内心和平的有效方法之一。在此，它不是指宗教实践，而是一种开放的心理活动。研究表明，冥想有利于集中精神、释放压力、提高创造力和洞察力。冥想可以使人静默，也可以让人顿悟。人们可以通过静坐和呼吸练习来进行静默冥想。当身心安静下来，注意力集中时，一种强烈的平静感开始弥漫周身。内观冥想唤醒我们潜在的智慧，实现顿悟。所有冥想都是让个体获得宁静、明晰和专注，从整体产生一种心理幸福感。儿童经常表现出无序行为，主要是因为他们内心的不安与混乱，从而出现争吵、扰人、噪音和欺凌等攻击性现象。有的还表现出退缩性行为，如对参与不感兴趣、对学习漠不关心等。然而，当孩子们的内心开始平静、愉悦和满足时，其行为模式将自然产生反应：自律性增强、充满快乐、富有创造、待人真诚，同时还会引发有效的学习，因为孩子们的好奇心、学习热情与活力得到很好的释放。

课堂练习冥想

美国一名教师斯蒂芬妮·赫尔佐格（Stephanie Herzog）在《教室里

的快乐》一书中，记录了冥想的经历。她讲述了随着孩子们冥想能力的提高，他们的想象力、倾听能力、学习能力以及课堂气氛都产生了积极变化。她说道：

> 冥想是一种接触我们内心智慧的技巧。大多数孩子在成长过程中从未发现自己内心有智慧、力量和爱的源泉。他们向父母寻求这些品质，但往往父母自身也缺乏这些品质。（p.5）

她还谈道：

> 在课堂上使用冥想后，我开始注意到学生们的自律性、自我激励和责任感发生明显的变化。我认为班上的孩子们并没有意识到他们正在获得这些品质，我也没有打算通过冥想来达到这一目的。一切都只是自然而然地发生了。

在此需强调的是，在课堂活动中，冥想是一种简单的"安静"活动，静静地在心中欣赏深刻的积极情感，如爱和宁静、自然之美和内在的善。赫尔佐格使用的冥想包括五个步骤：

- 接触自己，放松自己；
- 通过深呼吸来改变和控制情绪；
- 集中精神；
- 用想象力和直觉扩展思维；
- 专注当下，把这种专注带到生活当中。

儿童的想象力

本主题也考虑到儿童的想象力。众所周知，孩童天生富有想象力。不幸的是，在成长过程中，大多数人失去了这种重要的能力。成功人士的秘诀之一，就是保持着丰富的想象力。无论是科学家、艺术家、商人、工程师、建筑师，还是其他普通人群，都离不开想象力。创造力来自想象力。

然而，有些人对儿童的想象力嗤之以鼻，认为他们的想象是不切实际的，只会导致自我幻觉。他们还认为，儿童应该接触生活、面对现实，应该打消他们漫无边际的想象。遗憾的是，许多传统学校采取了这种态度，对孩子们的想象力漠然视之，除了少数情况外不提供机会。如果孩子们被剥夺了想象力，他们就失去了作为儿童的乐趣。这种压制肯定会削弱他们的嬉戏精神，损害他们的求知欲，降低他们的动手能力和毁灭他们的好奇心。孩子的许多积极驱动力起因于他们丰富的想象。当健康的想象力被遏制时，他们可能会转向其他不良方式或情绪表达，如做白日梦、自我封闭、被动和消极或反社会行为。

自我形象也是一种想象的建构，是一个人对自己的想法、观念或心理想象。一旦建立起自我形象，无论是消极的还是积极的，人们都会努力实现它。教师必须帮助学生建立积极的自我形象，给予正面评价，鼓励、激励他们，给他们自我表达的机会。

冥想可以用孩子们天生的求知欲、好奇感和美感，唤起他们内心的强大力量和有意义的想象体验。传统意义的冥想是一种对现实或真理的觉醒行为。但孩子们已经通过想象，揭开了现实的面纱。对他们来说，冥想是走进现实的过渡。可以开发各种形式的冥想，作为课堂教学工具。

意识练习

真正意义上的冥想是一种心性的锻炼方法，即建立意识。意识又被称为警觉、专注或专心，是一项基本生存技能。比如，穿越繁忙的马路时，意识发挥了一定的作用。失去意识的一瞬间，一个人的生命就可能被夺走。因此，意识是智力的基本功能。必须训练儿童意识到周围存在的危险因素，无论是在家里、学校、操场还是在路上。意识可以让人自控、沉着、观察敏锐。

意识的第二层次是掌控身体，即坐、立、走、吃等，旨在培养人对自身身体的敏感度。

意识的第三层次是感知大脑活动，如：当你生气时，知道自己生气了；当你困惑时，知道自己困惑了。这是一个微妙的意识层次。意识能够帮助我们克服人类思维的固有弱点。我们往往会被自己的欲望、愤怒和幻想冲昏头脑。大多数内心冲突都是由于缺乏自我意识而产生的。

儿童冥想类型

- 将班级带到户外或安静的地方。让孩子们安静地坐着，倾听自然的声音。这有助于培养对周围环境的意识。
- 让孩子们安静地坐着，心里默念："我的心灵平静又安详。"
- 静静地欣赏一棵树。
- 安静地坐着，专注于吸气与呼气。
- 全神贯注地看着一朵花。
- 想象一个美丽的自然场景。
- 想象在一个陌生的地方旅行或在花园里行走。
- 安静地坐着，品味人类的高尚品质，如善良、快乐。

除了体验内心和平与想象之美，冥想为了解自己的思维过程打开了一扇门。正是这种自我认识使我们在情感上日趋成熟。作为教育工作者，我们必须帮助孩子们找到有效方法，使其更好地了解自我。

预期成果

① **内心自律**
- 控制情绪
- 享受平静
- 宽宏大量
- 自我管理

② **行为自律**
- 正确的身体姿势
- 举止从容
- 减少喧闹、扰乱行为

③ **言语自律**
- 避免琐碎和无意义的言论
- 提高倾听能力
- 说话令人愉悦
- 轻言细语

④ **提高行动意识**
- 深思熟虑
- 成熟稳重
- 关注现实

⑤ **生活知足**
- 快乐

- 满足
- 简单
- 享受当下

和平文化建设提议

① 尊重学生的友谊。以适当的方式为他们提供便利，如让朋友坐在一起。鼓励学生组织生日庆祝会、班级联欢会和娱乐活动，但同时应该遵循学校所倡导的勤俭节约美德。这样的社交活动有利于创造快乐的课堂氛围。

② 在教室和校园提倡礼貌行为，如问候、感谢、举止得体、自律、善言善行等。

③ 鼓励学生为自己组织福利活动。

④ 提倡小组互动式学习。

⑤ 尊重并鼓励学生开诚布公表达意见、需求和感受。

⑥ 将唱歌、角色扮演、短剧等审美活动融入课堂，让学习充满乐趣。

⑦ 讲述有关洞察力和智慧的故事。

⑧ 作为教师，要对课堂快乐氛围保持敏感。如果氛围低落，可以通过幽默、积极游戏和其他方式重振课堂气氛。

⑨ 组织社区发展项目，如帮助贫困家庭盖房、打扫村庄、植树、为村民医疗诊所服务。

⑩ 在校组织关于内心和平的讲座。

学习活动

寻求内心和平

① 行走冥想

这是一项关于意识、专注力和舒缓心灵的活动。

【适用对象】小学高年级和中学

【适用场景】宗教（价值观）教育 / 进行减压练习时

【目标】1. 学习舒缓心灵的艺术。

2. 在生活中保持意识和专注力。

3. 扩展意识。

4. 体验内心和平的喜悦。

【活动】

带领学生来到一个安静的地方，让他们自由活动，但彼此保持一定距离。告诉他们：

- 不要相互交谈或看别人
- 感觉自己在独处
- 放松，保持内心平静与宁静
- 用非常缓慢的速度行走（5分钟）

要求他们在走路时，要完全意识到自己所有的身体动作。例如：当你抬起脚走路时，要意识到你在抬脚；当你不动时，要意识到你的脚站在地上；当你在前进时，要意识到你正在前进。以这种方式，注意你所有的身体动作，无论它们多么细微。（10分钟）

【讨论】

引导性问题如下：

- 你从这次活动中学到了什么？
- 我们说的意识是指什么？
- 这样散步能让你平静下来吗？
- 有意识和专注有什么好处？

（尽可能多尝试这种行走冥想，你会发现它可以帮助你提高意识。）

② 静心观察

这是一项关于意识、专注力和舒缓心灵的活动。

【适用对象】小学高年级和中学

【适用场景】宗教（价值观）教育 / 进行减压练习时

【目标】1. 发展与自然的精神关系。

2. 学会静心观察。

【活动】

带学生去一个安静的自然环境，让他们选择一个自然景物，如树、花草、天空或云彩等。

学生可离开小组，独自静静观察选择对象。不需要有任何想法，只需全神贯注地欣赏。观察其颜色、形状、变化与生命力。

与大自然独处。聆听鸟儿歌声，感受清新微风，沐浴温暖阳光，唤醒内心对大地、树木、花草和天空的爱，感觉自己是整个宇宙的一部分。（10分钟）

【讨论】

活动结束后进行课堂讨论。引导性问题如下：
- 你喜欢这个活动吗？
- 带着浮躁的心态进行观察和带着平静的心态进行观察有什么区别吗？
- 你从这次活动中学到了什么？
- 你如何将刚才所学运用到日常生活之中？

③ 学会放松

这是一项释放压力的活动。

【适用对象】小学高年级及以上

【适用场景】宗教（价值观）教育 / 课堂管理 / 当学生在课堂出现烦躁、无聊情绪时

【活动】

坐在椅子上或躺在地板上，找到最舒服的姿势。保持不动，保持冷静……

- 当你感到平静并放松时，请闭上眼睛，把注意力集中在整个身体上。静待一段时间……
- 在心里默念：我正在放松我的身体……放松……放松……深度放松……
- 从脚趾开始放松身体。把注意力集中在脚趾上，绷紧脚趾……然后立刻放松，放下紧张……
- 专注于腿部肌肉……收紧……放松……

- 专注于腹部肌肉……收紧……放松……
- 专注于手部和胸部肌肉……收紧……放松……
- 专注于颈部和脸部肌肉……收紧……放松……
- 专注于大脑……收紧……放松……
- 专注于全身的肌肉……收紧……立刻放松……
- 在心里默念：我在放松，彻底放松……

对整个身体的感觉保持知觉和敏感。持续冷静和放松一段时间。（5—10分钟）

④ 体验内心和平

这是一项关于集中精神并专注于内心的活动。

【适用对象】小学高年级及以上

【适用场景】宗教（价值观）教育／课堂管理／想让学生安静下来、感受内心和平时

【目标】1. 学会将注意力转向内在。
2. 了解舒缓心灵的过程。
3. 发现内心的喜悦。

【活动】

舒服地坐在椅子上，不要倚靠椅背。保持背部挺直，姿势端正。放松身心，冷静下来。

- 让你的身体在安静中逐渐平静下来。闭上双眼。
- 将注意力和意识集中在整个身体上。感受身体产生的所有感觉。

- 现在，慢慢地将意识集中在呼吸上。自然、轻松地呼气吸气。集中精神，不被其他想法和记忆分心。保持专注。专注于每次呼吸的开始、过程和结束。

如果一开始很难集中注意力，可以数呼气和吸气到 20，然后再往回数。当心沉静下来后，再回到专注上来。

练习集中注意力至少 10 分钟，然后睁开眼睛，再放松几分钟。

【讨论】

引导性问题如下：

- 你对这个活动感觉如何？
- 你是否感到内心平静？
- 专注于呼吸容易吗？
- 为什么有些人很难集中注意力？
- 通过这次活动，你对自己有哪些了解？

（注：指导学生每天早上起床后和晚上进行这种心灵舒缓练习，让他们体验内心和平，培养意识和专注力。）

⑤ 放下执念

这是一项释放压力的活动。

【适用对象】高中

【适用场景】向学生介绍释放压力的方法时

【活动】

舒服地坐在椅子上或躺在地板上。彻底放松一段时间。

- 一旦感到放松，在心里默念：我正在放下心中所有负担。

- 一个接一个地回想心中所有的担忧、问题、恐惧和焦虑。
- 感受它、接受它、与之短暂接触后，然后说：我彻底地放下了这个执念，心灵得到释放、重获自由。
- 反复这样做，直到头脑完全放空、自在。
- 享受释放的感觉，体验焕然一新的感觉。

⑥ 心灵即刻安宁

这是一种即时冥想。当你发现自己受到干扰或被激怒时，可以用这种方式恢复内心平静。

【适用对象】小学高年级及以上

【适用场景】宗教（价值观）教育／当学生处于不安情绪或困惑时

【目标】回归内心平静。

【活动】

专注于呼吸，在心里重复：

- 吸气，我内心平静；
  呼气，微笑挂在脸上。
  活在当下，
  这是一个美妙的时刻。

⑦ 冥想当下

这是一项关于活在当下的活动。

【适用对象】中学

【适用场景】宗教（价值观）教育 / 想让学生在开始上课前安静下来时

【目标】发现活在当下的乐趣。

【活动】

舒适地坐着。放松，冷静下来。意识到（通过在心里默念以下句子）：

- 把握这一刻。集中注意力在当下。珍惜当下。
- 这是一个全新时刻。时不再来，弥足珍贵。
- 活在当下，这是生活最好的样子。
- 活在当下，本身就会带来幸福、平静和快乐。

当完全接受眼前这一刻时，停止默念，享受此刻的时光。可以坐在教室里、在车里旅行时或放松地坐在椅子上，练习这种冥想。

⑧ 冥想善良

这是一项发现善、体验善的活动。

【适用对象】小学高年级及以上

【适用场景】宗教（价值观）教育 / 课堂管理 / 想让学生安静下来、内心感觉良好时

【目标】体验内在善。

【活动】

可以在坐着或行走时练习这种冥想，也可以在清晨醒来或晚上睡觉前躺在床上练习。在心里默念，直到你真的感觉很好：

- 生活如此美妙！

- 自然如此美丽！
- 每个人都内心善良。
- 世界处处皆美好！
- 每一刻都是最好的时光！
- 每一天都是永恒！
- 我爱生活，我爱众生，我爱整个宇宙。

⑨ 冥想分享

这是一项培育人类兄弟情谊的活动。

【适用对象】小学高年级及以上

【适用场景】宗教（价值观）教育 / 课堂管理 / 培育人类命运共同体的意识

【目标】体验同理心。

【活动】

反复诵读以下诗文，心怀仁爱：

- 先天下之忧而忧，后天下之乐而乐。
- 落红不是无情物，化作春泥更护花。

⑩ 冥想清醒

这是一项关于学会分享的活动。

【适用对象】小学高年级及以上

【适用场景】宗教（价值观）教育 / 关于同情的讨论

【目标】心怀同情开始新的一天。

【活动】

早上醒来后，充满爱意地反复诵读以下句子：

- 清晨阳光洒满窗，

  微笑如快乐铃铛。

  万物从梦中苏醒，

  新的一天在前方。

  我愿舍弃旧执念，

  珍惜每一寸时光。

  让心灵融入世界，

  把温暖注入心房。

⑪ 控制愤怒

这是一项关于如何控制愤怒的活动。

【适用对象】小学高年级及以上

【适用场景】宗教（价值观）教育／讨论控制愤怒的必要性时

【活动】

当你生气的时候默念以下句子，直到怒气烟消云散，心平气和：

- 吸气，我知道愤怒使人丑陋。
- 呼气，我不想被愤怒掌控。
- 吸气，我知道必须调整自己。
- 呼气，我知道爱与善是唯一答案。

教师自我评估表

时间：从_____到_____　　核心价值观：**寻求内心和平**

需要强化的行为	融入路径									对学生积极变化的影响		
	语言	社会	体育	艺术	科学	其他学科	课外活动	课堂管理	教学方式	学科视角	非常有效	有效	没有效果
1. 内心自律	F	F	F	F	F	F							
	F	F	F	F	F	F							
2. 言语自律	F	F	F	F	F	F							
	F	F	F	F	F	F							
3. 行为自律	F	F	F	F	F	F							
	F	F	F	F	F	F							
4. 提高意识	F	F	F	F	F	F							
	F	F	F	F	F	F							
5. 享受内心和平	F	F	F	F	F	F							
	F	F	F	F	F	F							
总频率													

√ = 讨论
X = 活动中讨论
F = 次（频率）

评价：_____

职业发展的建议：_____

完善指南的建议：_____

指导教师：_____

13 学会共处

和平就是共处。

教学目标

- 更喜欢合作而不是竞争
- 在团队内开发流程
- 在团队内共享资源
- 建设性地参与团队决策
- 遵守团队决策、规范、标准和职责

核心价值观

- 合作
- 团队建设

教学内容

- 概念理解
- 团队合作
- 如何建立团队
- 高效团队的特征

- 团队角色
- 学习合作的必要性
- 预期成果
- 课堂实践
- 和平文化建设提议

学习活动

1. 给班级的礼物
2. 照镜子
3. 画直线
4. 合作设计
5. 机器制造
6. 按生日排队
7. 建立纽带
8. 数字游戏
9. 团队比赛
10. 团队七巧板

概念理解

本主题主要探讨如何在这种族分裂、宗教林立、个人主义和其他不同力量盛行的世界，践行合作、共存、共享和团结等价值观。在关于21世纪教育的《德洛尔报告》中，"学会共处"被认为是教育的四大支柱之一。今天，种族、宗教和分裂的意识形态为人类的暴力行为提供了保护伞。这种分裂心态或许从原始部落继承而来。分裂造成冲突，最终导致战争、毁灭。

显然，由于技术进步，世界正缩小为一个"地球村"，旅行、交流和交易更加频繁。然而，我们现有的思维方式无法适应全球化。我们真正需要的，是随着世界不断缩小，我们的思想应该不断开放包容。唯有这样，才能构建人类大家庭。除非我们摒弃分裂的心态，否则作为一个物种，人类注定会因为相互毁灭而灭绝。通过学会共处，我们拓宽眼界，逐渐从自我为中心走向社区，走向国家，走向全球大家庭。这也意味着我们学会相互合作、共同分享、接受多样性、和谐共处。

团队合作

如今，我们大部分时间置身于各个群体中。不适应群体生活，则会处处碰壁。一个好的团队，能使成员安心工作、赋能授权、提升能力。人人获益于这个健康的工作环境。

高效团队不会凭空出现，而是众多内力作用的结果。如何从民主议程、分工合作和鼓舞士气等内在动力汲取力量，建设高效团队，是既有趣又有益的话题。

如何建立团队

仅将个体聚集起来不能称为建立团队。形成一个团队，首先要有共同目标。然后，为实现这个特定的目标而共同合作，建立起共同体。

团队在形成过程中，往往会经历一个不稳定的阶段，直至明确各自的分工。该阶段被称为风暴期。但随着规范、结构和程序逐渐建立，风暴平息，团队成员开始履行职责。团队运作受到三方面约束，即愿景、目标和任务。运作过程包括如何决策、如何组织，如分工协作、有效沟通。任务是团队面临的挑战。可以说，团队是个体合作完成和实现同一任务或目标的工具。

高效团队的特征

有必要了解高效团队的特征：

- **凝聚力**：成员相互喜欢，共同履行职责，相互支持、相互合作。
- **目标导向**：目标明确，成员对实现目标充满信心。
- **标准和规范**：规定共同标准、行为方式、参与方式和产品质量。
- **认可**：接受、尊重和赞赏。
- **决策过程**：所有成员参与决策，人人平等。成员感到有责任执行团队决策。定期会面，讨论、计划并评估进展。
- **监管**：成员在政策和条例上达成共识，认为有义务遵守规章制度。
- **环境**：氛围平和，有利于生产合作。成员可以自由表达自己的观点、意见和感受。
- **领导力**：领导者以团队或过程为中心。
- **压力**：团队需要一定压力才能有效工作。压力可能来自环境要求、时间限制、标准和期望。但是，压力应在可承受范围之内。创造这种积极压力是领导者的职责。

团队角色

随着团队形成，各类角色应时而生。成员一般担任最适合自己的角色。常见的如下：

- **鼓励者**：强化有效的行为。
- **创造者**：关注流程顺序。
- **批评者**：分析程序、成员态度、行为和群体决策的不足。

- **调节者**：通过幽默和制造轻松气氛来缓解紧张。
- **协调者**：处理内部分歧和冲突，创造和谐环境。
- **评估者**：评价成果及过程有效性，提出改进建议。

学习合作的必要性

在当今世界，学习合作的必要性毋庸置疑，尤其是个人主义、种族中心主义和其他分裂力量日益增长，威胁着人类团结。和平就是共生共存。现在，越来越多的教师抱怨学生变得自私自利。自私就是剥夺他人权利，只关心自己。教师推荐一本书，图书馆里只有一本，某个学生借来后长期独自占用，这是典型的自私行为，因为这种做法剥夺了其他学生使用这本书的权利。受社会风气影响，校园里个人主义不良行为愈演愈烈，辱骂、打压、欺凌便是例证。

然而，当学生们有心学习合作时，教室里会呈现一片温暖友好的氛围，冲突减少了，争吵不见了。团队合作还会带来更多的平等感，促使成员相互信任、相互依赖，取代唯我独尊的倾向。今天，人类的各种联系和依存日益加深。人类只有一个地球，各国共处一个世界。在过去国家认为他们可以完全自给自足、独立生存，而现在各国相互依存、休戚与共。这意味着人类正步入一个命运共同体的时代。学习合作将造就一代能为构建人类共同未来进程贡献力量的人。

教师有责任把班级变成一个共同体，这是一个团队的最高层次。经历过团队积极合作的人，会逐渐向外界投射自己的积极态度。如前文所示，班级不会自动发展为一个共同体，需经过教师提高集体意识、提供课堂合作机会方能达成。同时还需认识到，课堂不仅仅是学生个体的集合，更是一个彼此紧密联系的集体，学生之间相互制约、相互影响。

至于学校中的竞争，在学习合作时，不鼓励个人主义的竞争，即一个人通过打败另一个人来获胜。健康的竞争是与自身标准、时间限制、资源匮乏和艰难环境进行抗争。

预期成果

团队建设行为如下：

- 合作
- 在团队内开发流程
- 分享
- 团队决策
- 遵守团队决策、规范和标准

课堂实践

- 不鼓励个人主义行为
- 重视合作
- 培养团队责任感
- 评估团队表现 / 重集体、轻个人

和平文化建设提议

① 民主管理学校和课堂，为学生在社区建设方面树立榜样。

② 成立学生会，可以向学校管理层表达需求和问题。学校管理层可以与学生会协商，协同工作，合作制定管理政策。

③ 通过教工发展计划，在课堂引入合作学习方法，鼓励教师创新。

④ 组织学校课外活动时，分派给学生一定的任务，如年度运动会、艺术展览等。这样有助于发展他们的领导、组织、公关能力。

学习活动

学会共处

1 给班级的礼物

这是一项关于在班级营造和平氛围的活动。

【适用对象】中学

【适用场景】课堂管理 / 开始新班教学时

【材料】一块黑板、三四张卡板纸、签字笔

【目标】1. 了解人人有责任营造班级的良好氛围。

　　　　2. 决定自己的最佳贡献方式。

【活动】

① "这是我们的教室。让它变得更美好吧。请问你打算怎么做？我们来谈谈吧！"

② "我们要规范自己在课堂上的言行举止，给我们的班级带来一些优秀品质，把这里变成快乐园地。"

③ 积极开动脑筋，想一想我们的班级应该具备哪些优秀品质。说出一个你最期望的品质，让我们一起列在黑板上。例如：

　　● 团结　　● 清洁　　● 友好　　● 关心他人

④ "从清单里选择你愿意带入班级的品质。请在它的旁边标上你的名字。"

⑤ 把带着名字的品质清单整齐地抄在卡板纸上，贴在墙上，时刻

提醒自己许下的诺言。如下例：

友善＝普雷姆	幽默＝杰娜卡
团结＝萨纳斯	包容＝福西亚
爱心＝默罕米德	快乐＝塞拉

② 照镜子

这是一项通过社交互动发现自我并学习合作的活动。

【适用对象】小学 / 中学

【适用场景】舞蹈课 / 体育课进行形体训练时

【目标】1. 通过肢体动作来表达内心感受。

2. 鼓励相互交流，发现自我。

3. 强调同理心。

【活动】

学生两人一组，面对面站立，与其他人保持一定距离，保证身体可以自由活动。一人假装照镜子，做各种有趣动作。另一人扮演镜中影像，模仿所有动作。

动作示例

- 梳头发
- 擦脸
- 向前走
- 后退走

- 转圈
- 擦镜子
- 欣赏新裙子
- 做不同的鬼脸
- 哑剧表演
- 跳舞 / 摇摆 / 滑动

表演五分钟后互换角色。每组完成后可自动解散，寻找新组合。

（注：1. 告诉学生将要进行一个好玩的游戏，引起他们的兴趣。
2. 鼓励学生创意表演，自由发挥。可以借此次活动表达情感、情绪和想象。
3. 播放音乐，让学生随着节奏做动作，激发创作灵感。）

【讨论】

引导性问题或说明如下：

- 你喜欢这个活动吗？
- 你从这次活动中学到了什么？请分享。
- 与人合作时，你认为需要哪些工作品质和态度？

③ 画直线

这是一项体验合作精神的活动。

【适用对象】小学高年级及以上

【适用场景】体育课 / 进行小组游戏时

【目标】学习合作。

【活动】

把学生带到户外，分成两大组。要求每组用他们手头的任何东西画一条直线，不得使用额外的工具，任何人不得离开小组去找工具。直线画得最长的小组获胜。

【讨论】

引导性问题如下：

- 你喜欢这个活动吗？
- 你们小组在刚开始时感觉如何？
- 当你们组的直线画得越来越长时，你们感觉如何？
- 你从这次活动中学到了什么？

（注：活动一开始，学生可能会感到困惑。不用工具，如何画线？而当他们分组讨论时，便意识到可以利用身上的物品，如手帕、皮带、鞋带等画直线。）

④ 合作设计

这是一项关于合作的活动。

【适用对象】 小学高年级 / 初中

【适用场景】 艺术课 / 试图开发学生创造性想象力时

【材料】 每组一张大纸，供绘画所用

【目标】 学习分工合作。

【活动】

全班分为五组。要求设计一个设施齐全的小镇。由各小组决定设计什么样的城镇并合作画出。完成后向全班展示。其他可替代主题如：

- 画一辆不寻常的车
- 画一个怪物
- 画出一句格言的含义

【讨论】

- 你们是怎么分工合作的？（询问每个小组）
- 是否有成员没有参与？如果有，原因是什么？
- 你是否支持或反对以下说法："团队合作会比个人做得更好。"展开课堂小辩论。
- 你从这次活动中学到了什么？

⑤ 机器制造

这是一项关于享受团队合作精神的活动。

【适用对象】小学高年级 / 初中

【适用场景】体育课 / 进行团队合作活动时

【目标】重视合作。

【活动】

学生分成六人一组。每组需要制造一台机器，每人充当机器的某个部分，齐心协力作为一个整体发挥作用。可以模拟真实机器，如火车引擎、时钟、起重机等；也可以制造一台想象中的机器。小组讨论决定，然后向全班展示。也可以小组轮流展示。

【讨论】

- 你们团队制造的是什么机器？
- 机器运转良好吗？
- 与他人合作时，你感觉如何？

⑥ 按生日排队

这是一项关于集体解决问题的活动。

【适用对象】中学

【适用场景】体育课／组织团队活动时

【理念】合作、解决问题。

【目标】鼓励以合作的方式解决问题。

【活动】

请全班学生根据出生日期进行排队。先按照月份排开，1月出生的站在最前端，12月出生的站在最末端。其他学生必须找到正确的月份组，并按日期顺序排列。在这过程中，不允许说话或耳语，必须用非言语方式交流，比如打手势等。

当每个人站好位置后，教师检查站队是否正确。

【讨论】

引导性问题如下：

- 你是如何找到自己位置的？
- 活动中最困难的是什么？
- 你是如何与人沟通的？

⑦ 建立纽带

这是一项体验团结和乐趣的活动。

【适用对象】所有年级

【适用场景】在课堂进行团结建设时

【目标】体验团队凝聚力。

【活动1】

全班分成 15 人一组，各组肩并肩站成一圈。

请学生想出至少 15 种方法，来建立团队纽带。例如：

- 手拉着手
- 把手搭在前一个人的肩上
- 把手搭在前一个人的腰上
- 胳膊挽着胳膊

【活动2】

通过以下方式，帮助学生建立团队纽带。每个学生胳膊交叉，左手握住右侧人的右手，右手握住左侧人的左手。建立这种"人际纽带"后，让学生感受数分钟。

【讨论】

- 你现在感觉如何？
- 你现在对朋友的看法是和以前一样，还是有所改变？
- 通过参与这次活动，你学到了什么？

⑧ 数字游戏

这是一项以合作方式解决问题的活动。

【适用对象】小学高年级 / 初中

【适用场景】数学课 / 提高合作技能时

【目标】体验团队合作。

【活动】

在黑板上画出以下数字游戏图。

2	4	3	2	3
3	2	3	1	1
4	3	1	2	2
2	2	4	3	2
4	1	1	2	3

全班分成六人一组,其中第六名成员是观察员,其余五人必须将上图分成四部分,使每一部分的数字总和为15。观察员记录每个小组成员的行为。

了解每个小组是如何完成的。请观察员分享他/她对团队行为的观察结果。

【讨论】

- 是否每个成员都参与了活动?
- 你喜欢一起完成任务吗?
- 你从团队合作中学到了什么?

【答案】

2	4	3	2	3
3	2	3	1	1
4	3	1	2	2
2	2	4	3	2
4	1	1	2	3

(注:可依据学生水平,调整题目的难易度和复杂程度。)

⑨ 团队比赛

这是一项关于合作和创造性解决问题的活动。

【适用对象】小学高年级 / 初中

【适用场景】体育课 / 进行小组游戏时

【材料】每组两张报纸

【目标】体验团队合作。

【活动】

全班分成六人一组，发给每组两张报纸。活动在空旷大厅进行。在大厅一端标记起跑线，在另一端标记终点线。请各组成员一一站在起跑线上。比赛开始后，每组先把一张报纸放在地板上，然后所有成员都站上去。往前进时，把另一张报纸铺在地上，所有成员站上去。然后再拿起第一张报纸铺在前方，再站上去。这样轮番前进，最先到达终点线的一组获胜。学生也可以想出用报纸行走的其他办法。

【讨论】

引导性问题如下：

- 你觉得这个活动怎么样？
- 你的团队表现好吗？
- 如何进一步提高团队比赛成绩？

⑩ 团队七巧板

这是一项以合作方式解决问题的活动。

【适用对象】小学高年级 / 初中

【适用场景】绘画课 / 数学课 / 讲授几何图形的课堂

【材料】每组一套七巧板（七巧板可以拼成多种图形，如动物、人、树、交通工具等；也可以用纸板自制七巧板）

【目标】体验团队合作。

【活动】

全班分成六人一组，其中一人是观察员。分给每组一套七巧板，各组将其拼成一个有意义的图案，类似拼图游戏，第一个完成任务的小组获胜。

【讨论】

引导性问题如下：

- 对团队表现观察到了什么？
- 如何提高团队表现？

【自制七巧板】

先把纸板切成正方形，再如下图所示切成小块。用它们可以拼出各种七巧板。

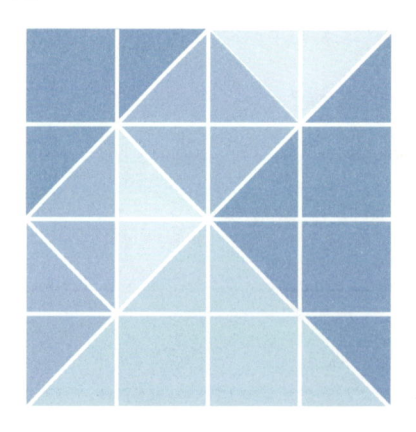

教师自我评估表

时间：从_____到_____　　核心价值观：**学会共处**

需要强化的行为	融入路径									对学生积极变化的影响		
	语言	社会	体育	艺术	科学	其他学科	课外活动	课堂管理	教学方式	学科视角	非常有效	有效	没有效果
1. 学习合作	F	F	F	F	F	F	F						
	F	F	F	F	F	F							
2. 学会分享	F	F	F	F	F	F	F						
	F	F	F	F	F	F							
3. 参与团队决策	F	F	F	F	F	F	F						
	F	F	F	F	F	F							
4. 遵守团队规范	F	F	F	F	F	F	F						
	F	F	F	F	F	F							
总频率													

√ = 讨论
X = 活动中讨论
F = 次（频率）

评价：_____

职业发展的建议：_____
完善指南的建议：_____
指导教师：_____

14 尊重人的尊严

人类对自己同类的所作所为经常没有底线。一个人折磨另一个人，烧死他，杀害他，无所不用其极地采用宗教、政治、经济手段剥削他。这就是人类的故事；精明、狡猾的人剥削愚蠢、无知的人。

——J. 克里希那穆提（J. Krishnamurti）

教学目标

- 关注他人的权利
- 包容观点、文化和信仰的多样性
- 履行自己的社会职责
- 将人权转化为社会现实

核心价值观

- 非暴力
- 友善
- 同理心
- 平等

教学内容

- 概念理解
- 人权教育
- 预期成果
- 课堂实践
- 和平文化建设提议

学习活动

1. 明确责任和权利
2. 建设新社会
3. 他是我的兄弟
4. 为什么要爱家人
5. 信任之旅
6. 被排挤
7. 刻板印象
8. 儿童反对玩具武器
9. 了解性别角色
10. 了解《世界人权宣言》

概念理解

人权概念的历史和人类文明一样悠久。每个社会都有不同的规范来保护人的生命和尊严。

广义而言，人权是指人类所享有的、不可剥夺的权利。人权为我们提供一系列保障，不仅保障基本生活，还保障一个人有尊严地活着。人权旨在保护个人免受生命和尊严的威胁。随着国家权力日益强大、社会的复杂性和阶层分化日益凸显，保障人权是相当必要的。

联合国颁布的《世界人权宣言》（以下简称为"《宣言》"）是近年来全人类社会的道德胜利果实，它推动所有文化从一开始就倡导的道德价值观达至顶峰。这也是有史以来，全世界第一次公认的一套人人适用的权利条款，不分国籍、宗教、性别、社会地位、职业、财富、财产，也不分种族、文化或社会差异。《宣言》开篇声明：

> 人人生而自由，在尊严和权利上一律平等。他们富有理性和良心，并应以兄弟关系的精神相对待。

《宣言》为国际人权领域的实践奠定恒久基础，随后促使各国在宪法中认可和扩大人权原则。许多人权法应运而生，如《非洲人权和人民权利宪章》《欧洲人权公约》《美国人权和义务宣言》。《宣言》还使人权原则纳入公法各个部分，如种族平等、性别歧视和法庭程序。

《宣言》保障生命权、自由权和人身安全权。禁止奴役、酷刑、残酷的待遇或刑罚、任意逮捕、拘禁以及侵犯隐私和家庭的行为。坚持"无罪推定"等原则，保障正当法律程序，维护思想和言论自由、良知和信仰自由。保障财产私有制、行动自由、就业权、健康权和受教育权。《宣言》涵盖了生存、尊严、政治、文化、经济和社会权利等主要领域。然而，由于西方文化的强烈影响，从某些文化角度来看，这套公约可能并不尽善尽美，但应该成为所有文化要求的最低道德标准。

培养人权意识是关键所在，因为这是维护和平的重要因素。大多数冲突均因侵犯人权而起。

仅在国内或国际表示接受这些权利是不够的。全球政治、文化和经济纷繁复杂，因此有必要采取果断行动，落实人权保护。每个公民、政府和民间组织都有责任保障这些权利得以实施。

人权教育

学校有责任对下一代进行人权教育，讲授其中蕴含的基本价值观。虽然很多课程将之作为一个单元，但一般仅在认知层面进行教学。这种学习对实际行为影响微乎其微。光记住公约条款远远不够，重要的是以一种尊重人类尊严的方式帮助学生学习，做到内化于心，知行合一。为此，我们需要寻找有效的人权教育方法。

有人批评当前的人权教育忽略了责任。在西方，对权利的过分强调导致公民意识和人际关系的失衡。人权宣传运动很少谈及与之相应的责任。因此，人们得到的信息是"为你的权利而战，责任可以忽略不计"。但在东方，人们总是把责任置于权利之前。佛教有一篇有趣的经文《教诫新嘎喇经》，谈到了东方对权利的态度。文中佛陀解释道：当孩子履行对父母的义务时，父母有责任对孩子尽其义务；当工人对雇主履行义务时，雇主要尽自己应有的义务。一个人必须通过履行义务来获取自身权利。权利和义务不可分割，犹如一枚硬币的正反两面。

儿童尤其是小学阶段的孩童，对人权概念的理解存在一定困难，对权利、自由等抽象概念的认知有待提升。学习人权应当从日常生活中理解人权开始。例如：

- 排队等待

- 信守承诺
- 及时还钱
- 帮助病残
- 爱护公共卫生
- 不侵占他人财产

类似这些场景，均有助于儿童理解人权。

鼓励针对这些现象进行个人自省。让学生畅所欲言，分享感受与想法。使用人权、平等和正义的原则来解释、评判他们在这方面的经历。所采取的基本方法，首先是培养学生能够敏锐感知人类在自然权利被剥夺的情况下所遭受的深刻痛苦，例如被社会排斥的感觉。随着被剥夺感的发展，学生的意识开始拓宽，态度发生改变，认识到尊重和保护人之尊严的必要性。然后在此基础上加深话题，可以讨论妇女、儿童、少数族群、宗教派别、难民和其他社会群体的权利问题。权利的概念还需要扩展到动物，并从动物延伸至大自然。和平认可并尊重各种形式的生命。

更进一步讲，权利来自人类的基本需求。例如，受教育权表明接受教育是人类的需要，不让人接受教育就是侵犯权利。所有侵犯人权的行为都是暴力行为，因为它剥夺了一个人满足其需要的权利。

一言以蔽之，《宣言》中所表达的权利为民主奠定了基础。民主是人权得以落地的治理方式，尊重人权、保护人权免受践踏，同时也是解决冲突的良策。和平诞生于民主正常运作的过程。换言之，一个国家的和平是民主的产物。

预期成果

① **关注平等和正义**
- 尊重他人权利
- 关注他人感受和需求
- 即使发生挑衅、冲突，也能尊重他人、行为得体

② **民主行为**
- 包容和尊重观点、文化和信仰的多样性
- 识别社会问题／局势中侵犯人权的类型

③ **履行职责**
- 履行社会职责，将人权应用于社会现实、转化为社会现实

课堂实践
- 根据阅读材料中的人物和事件案例，讨论人权问题。
- 收集新闻报道中的人权侵犯事件，作为案例研究。
- 让学生调查社区里侵犯人权的行为，并进行讨论、分析，找出解决办法。
- 从人权的视角审视各种主题学习，如分析历史事件、欣赏散文、阅读人物传记或观看戏剧等。
- 处理课堂管理问题时，运用人权的价值观和原则。
- 讨论人类文化多样性时，拓宽对人类兄弟情谊的认识。
- 鼓励在日常生活中探索与世界的联系，如我们吃的食物、穿的衣服等。

和平文化建设提议

倡导尊重儿童及其权利的传统。取消体罚,采取正向管教方法,如表扬积极的一面。

学习活动

尊重人的尊严

1 明确责任和权利

这是一项帮助理解个人责任和权利的活动。

【适用场景】社会课 / 有关权利的讨论

【目标】了解个人在不同情况下的责任和权利。

【活动】

讨论并了解自己在各种情况下所拥有的权利和责任。以学习为例,进行头脑风暴。列举作为学生应有的责任和权利,填写下列表格,补充得越多越好:

责任	权利
完成分配的任务	必要时提醒组内其他人的职责
不打扰他人休息	不被他人打扰

【讨论】

引导性问题如下:

- 根据分析，我们有何建议？
- 阐述权利与责任的关系。

② 建设新社会

这是一项了解社会对人权的需求的活动。

【适用对象】 高中

【适用场景】 社会课 / 介绍人权概念时

【目标】 理解人权是民主社会的基础。

【活动】

情景假设

一个国家正在进行一场旷日持久的内战，给社区生活带来毁灭性影响。国将不国、民不聊生。离大陆两公里远，有一座富饶的小岛。一大群人离开这个国家，前往小岛定居，希望过上和平的生活。这群人安顿下来后就开会组建政府。他们要为新政府制定宪法，任命委员会起草宪法，以建立一个和平、公正的社会，让人们过上有尊严、自由的生活。

现在假设学生就是这群人。任命一个三人委员会，其他学生展示对新政府的愿景和梦想。

学生组建一个委员会。其他人分成五人一组。每组讨论出五项建议，提交给委员会。委员会主席在另外两人的帮助下，对每组进行采访，就这些建议的原则、价值、权利和可行性进行讨论，提出疑问。委员会的第三人扮演唱反调的角色，对建议提出异议。每组必须为本组建议进行辩护。活动可分阶段进行。

【讨论】

- 小组关于人权的提议有哪些？
- 请分享你从活动中学到的东西。
- "一个有界限感的社会是以人权为基础的。"请问你对此有何评论？

③ 他是我的兄弟

这是一项建立人类兄弟情谊的活动。

【适用对象】小学低年级

【适用场景】环境研究 / 当讨论和关注不同国家的人时

【目标】重视人类兄弟般的情谊。

【活动】

向学生讲述以下故事。

从前，有位教师问他的学生："我们如何知道夜晚已经过去、黎明开始到来？"学生们思索片刻。一人说："当我能看见一棵树时。"另一人说："当我能看到路时。"还有人回答："当我能看到一只动物时。"

教师对这些答案都不满意。最后，他说："让我来告诉大家，当你把其他人当成自己的兄弟看待时，我们就知道天亮了。"

【讨论】

引导性问题如下：

- 这个故事有什么寓意？
- 为什么不同国家的人在肤色、语言和行为方式上表现得不同？
- 为什么我们要尊重所有的人，无论肤色、社会地位、国籍、宗教和其他差异？
- 我们应该如何对待他人？

④ 为什么要爱家人

这是一项关于家庭权利的活动。

【适用对象】小学高年级

【适用场景】环境研究 / 讨论家庭是社会的基本单位时

【目标】1. 重视家庭。

2. 了解家庭的意义。

【活动】

首先，提醒学生重视家庭，讨论他们在家庭中享受的好处，明确家庭对社会的重要性。

接着，学生分组讨论，准备一份关于社会应该如何保护家庭的建议清单。

【讨论】

在学生讨论的基础上，教师进行适当的补充。

⑤ 信任之旅

这是一项关于建立信任、体验信任的活动。

【适用对象】小学高年级及以上

【适用场景】体育课 / 社会课 / 关于特权的讨论

【材料】每人一块可以蒙住眼睛的大手帕

【目标】建立信任，体验信任。

【活动】

将学生带到户外安全的地方，两人一组，自由组队。一名学生被蒙上眼睛，由另一名学生引领他四处走动，但两人不接触。引领者引导被蒙眼学生通过触觉、嗅觉猜测周围事物。引领者必须照看好被蒙眼学生，以防他们摔倒或撞到。然后角色互换。

【讨论】

引导性问题如下：

- 当你被蒙着眼睛走路时，感觉如何？
- 在生活中什么时候会体验到这样的感受？
- 引领同伴行走时，你感觉如何？
- 作为引领者，你的职责是什么？

6 被排挤

这是一项帮助我们理解被排挤的本质的活动。

【适用对象】中学

【适用场景】讨论社会排挤现象的本质时

【活动】

学生坐在椅子上，围成一圈。教师请其中五名学生离开教室。等他们出去后，把他们的椅子搬走。全班开始唱歌，同时请五位同学回到教室。其他同学故意不理会他们，让他们有一种遭遇排挤的感觉。

【讨论】

引导性问题如下：

- 这里发生了什么事？（告诉这五名学生，故意排挤他们是为了提供一种学习体验）
- 当你被排挤时，感觉如何？（询问每个被排挤的学生）
- 你以前被排挤过吗？如果有，是什么时候？请谈谈你的经历。
- 哪些情况会让人感到被排挤？
- 请补充这个句子："当_____的时候，我在学校感到被排挤。"（请每个学生填空）

⑦ 刻板印象

这是一项关于性别歧视的活动。

【适用对象】高中

【适用场景】社会课 / 讨论性别问题时

【目标】理解性别歧视。

【活动】

解释什么是刻板印象。刻板印象是对人的形象进行过度简化的固定评价。

关于性别角色的刻板印象示例

- 儿子比女儿更重要。
- 男孩应该比女孩更独立。
- 男孩比女孩更聪明。
- 父母的财产应该归儿子所有。

- 女孩应该尽早结婚。

思考你身边存在的有关性别角色的刻板印象。

【讨论】

引导性问题如下：

- 这些关于女孩的设想是真的吗？
- 这些关于男孩的设想是真的吗？
- 为什么女孩在传统上受到歧视？
- 女性应该服从于男性吗？
- "歧视女性的目的是剥削和压迫她们。"请对此进行讨论。
- 在传统社会中，女性遭受了怎样的剥削和压迫？
- 我们如何摆脱性别歧视？

⑧ 儿童反对玩具武器

这是一项关于发展反对枪支文化的活动。

【适用对象】初中

【材料】一些玩具武器

【目标】明确反对使用武器的态度。

【活动】

步骤1

让学生了解战争的破坏性。尽可能全面地列举战争的危害。

简单展示几把玩具枪，问学生这些玩具枪带给他们什么感受。预期答案如下：

- 享受射击的快感。

- 开始认为射击是一种英雄行为。
- 开始喜欢上武器。

从这些回答可得出结论：使用玩具武器会使人产生攻击性念头。

讨论对枪支的常见观点。例如：那些使用武器的人最终会被武器摧毁。请学生发表自己的想法。

步骤 2

让学生组织一场"儿童反对玩具武器"（Children Against Toy Weapons, CATW）的运动。由他们自己选任负责人和组建委员会，制定运动的规章制度、目标和行动方针。

活动示例

- 通过张贴海报、分发小册子、举办会议讲座，提高学校和社区对玩具武器危害性的认识。
- 组织儿童集会。
- 与兄弟学校联合。
- 举行公共游行，象征性地销毁玩具武器。
- 呼吁店主不要售卖玩具武器。
- 呼吁父母不要给孩子购买玩具武器。

⑨ 了解性别角色

这是一项理解性别关系的活动。

【适用对象】高中

【适用场景】社会课 / 关于性别问题的讨论

【目标】对性别角色现状进行反思。

【活动】

将班级按性别分组,如三个女生组、三个男生组。以小组为单位,讨论以下问题(问题可以写在黑板上):

- 我们觉得做女孩/男孩是什么感觉?
- 哪些经历让我们作为女孩/男孩而感到快乐?
- 哪些经历让我们作为女孩/男孩而感到难过?
- 我们欣赏异性的哪些行为?
- 我们不欣赏异性的哪些行为?
- 我们如何才能建立男孩和女孩之间良好的关系?

各组进行总结性发言,对于好的观点和答案给予赞赏和重视。

⑩ 了解《世界人权宣言》

【活动】

学习《世界人权宣言》的基本内容后,在黑板上写下以下六个主题:

- 生命权
- 平等权
- 反对奴役和酷刑的权利
- 受教育权
- 文化权
- 政治决策权

将学生分成六组,每组选择一个主题。各组查找相关主题的文章。查找结束后,各组展示成果,然后进行讨论。

此活动也可以继续用于其他类型的权利。

教师自我评估表

时间：从_____到_____　　核心价值观：**尊重人的尊严**

需要强化的行为	融入路径									对学生积极变化的影响		
	语言	社会	体育	艺术	科学	其他学科	课外活动	课堂管理	教学方式	学科视角	非常有效	有效	没有效果
1. 关注他人的权利	F	F	F	F	F	F							
	F	F	F	F	F	F							
2. 包容多样性	F	F	F	F	F	F							
	F	F	F	F	F	F							
3. 社会责任感	F	F	F	F	F	F							
	F	F	F	F	F	F							
4. 将人权应用于实际情况	F	F	F	F	F	F							
	F	F	F	F	F	F							
总频率													

√ = 讨论
X = 活动中讨论
F = 次（频率）

评价：_____

职业发展的建议：_____
完善指南的建议：_____
指导教师：_____

15　做真实的自己

成为真我。

——索伦·克尔凯郭尔（Soren Kierkegaard）

教学目标

- 维护自己的权利
- 维护正义
- 情绪成熟的行为
- 目标导向的行为
- 自律行为

核心价值观

- 自信
- 意志
- 自我理解

教学内容

- 概念理解
- 自信

- 了解个人权利
- 学习有效表现自信
- 意志
- 自我理解
- 课堂实践
- 预期成果
- 和平文化建设提议

学习活动

1. 发现自我
2. 了解自己的恐惧
3. 我最大的恐惧
4. 我是哪种动物
5. 竞争还是合作
6. 顺从的特征
7. 攻击的后果
8. 你好，我也好
9. 自信心的练习
10. 学会自信地回应
11. 大声说出来
12. 学习自律

概念理解

本主题主要关注学生的自我发展。一个人若想在生活中获得成功，他/她必须具有独立的人格。为此，教育应当培养孩子自我赋能能力，如自我指导、自我激励、自我理解和技能训练等。学校教育者虽然强调个体差异的重要性，但在实际操作中，也注重统一性。学科考试更多是帮助学生拓展知识面，在促进学生自我发展方面价值寥寥。

广义上说，自我发展是不断发现、唤醒和提高内在潜能，从而达到自我实现的意识过程。简言之，这是一个成为真我的过程。

本主题涉及人格诸多重要方面和概念，且与教育关系密切。例如：

- 自信
- 人类意志的本质
- 自我理解
- 心理健康
- 领导能力
- 沟通技巧

在此，本章集中探讨前三个。

自信

自信是指面临困境时，诚实、直接地表达自己的需求、感受、担忧和立场。这些困境包括：

- 当你被迫不公平地屈服于他人时
- 当你被不公平地对待时
- 当你被别人贬低时

- 当你受到不公正的批评时
- 当你受到违背良心的操纵时

或者当你想要

- 平息一个人的愤怒时
- 提出批评时

　　自信对于有效解决冲突至关重要。当一个人缺乏这种人格特征时，他／她会很容易失去自尊，做出妥协、承认失败。想要培养自信，必须确定需要自信的场合。

　　假设你正乘坐长途火车。你想去洗手间，把手帕放在自己的座位上离开。回来时，你发现一个陌生人坐在那里。你该如何应对这种情况？

　　如果一味被情绪左右，要么你会做出攻击性反应，言语威胁、粗暴甚至亮出拳头要打架；要么会畏缩不前，自认倒霉，被动接受现实。在此情境下，自信是最好的选择，是一个成年人应有的成熟表现。于是你可以走近，对他说："先生，这是我的座位，我在上面放了一条手帕，然后去了洗手间。现在我想坐回去。"（当然，如果那人生病、虚弱或有特殊需要，则另当别论。）当一个人充满自信时，他／她对人说话的态度不卑不亢，彬彬有礼。

　　不过，自信也需要适度。除了合适的场合，我们还需要根据对方或当时情形的敏感性，来确定自信的程度，因为过度自信可能会被认为是傲慢粗鲁。

了解个人权利

从本质上讲，自信让我们有勇气做真实的自己，帮助我们活出真性情、展现最本色。基于此，有必要清楚了解自己拥有哪些个人权利。你有权：

- 做任何不侵犯他人权利的事
- 面对失落时，保持自信
- 做出选择
- 提出问题
- 改变你的观点或信念
- 控制你的身体、时间和财产
- 表达你的观点、信念和感受，包括愤怒
- 为自己着想
- 发出请求
- 表达需求和欲望
- 获取信息
- 花钱获得价值相当的商品与服务
- 说"不"，且不会感到内疚或自私
- 受到尊重和体谅
- 犯错误
- 独立自主

（还可以继续添加你能想到的个人权利。）

以上这些个人权利是根据西方文化演化而来。个人权利可能因文化而异，因此必须根据你所在国家的文化来确定。需谨记，每项权利同时也意味着责任，你有义务尊重他人权利。

学习有效表现自信

学习自信的实用方法之一是效仿成功人士。每个团体或组织都有这样的人物。自信是指能够清晰、直接、适当地表达自己。当冲突发生时，让对方理解你的需求、感受和担忧。当你成为你自己、而不是别人时，自信的人格魅力就会大放异彩。

为了表现自信，一个人需要懂得一定的身体语言，如站姿、坐姿、走姿等。人们对我们的第一印象，来自我们的外表即姿势、眼神交流、面部表情、手势和声音。假设你去参加一个聚会，由于不认识大多数人，你顿感孤独。你告诉自己，没有人想和你说话，没有人对你感兴趣。不自觉地，你的一举一动、你的身体语言都在传递着这种自我挫败感。结果可想而知，其他人自然对你敬而远之。消极被动的人总认为别人有义务照顾自己的需求、保护自己，但这样会很容易耗尽别人的感情。

面对困境，尤其是在冲突中，自信的表现如下：

- 简要、负责、有效地准备适当信息
- 以一种有助于解决问题的方式，说出自己的真实需求和感受
- 观察沉默（保持沉默可以让对方思考你所说的话或提供的解决方案）
- 反思式倾听他人的防御性反应
- 重申信息，不要有情绪反应或辩解
- 紧扣主题
- 协商并制订适当的解决方案

表现自信的有效方法之一，是传达以"我"为中心的信息，陈述说话者看到的问题及感受。例如：

- 我不同意这个建议。
- 你这样做让我失望，我感到很伤心。
- 原则上我不能同意你的观点。
- 我希望看到你坐在座位上。
- 你把收音机声音开这么大，我在这里无法学习。

如果还能给出建议，那么这些表达会更有分量。假设你坐公交车去上班，旁边的人开始抽烟。这是不被允许的，但他还是做了。你可以说：

- 先生，你坐在我旁边抽烟。（客观陈述他在做什么）
- 我觉得不方便，这样我很不舒服。（站在自己的角度陈述问题）
- 如果你能不在公交车上吸烟，我会非常感激。（你的建议）

这种表述没有任何责备或指控，但清楚地表达了一个人的需求。学会表达自己的需求是自信的一部分。

在许多社交互动中，自信的技巧在表示拒绝和反对时颇为有用。

① **直接拒绝**。直接说"不""我不想""我不能"。例如：

- A：买一张票吧！

  B：不，我不想。

- A：你能把自行车借给我吗？

  B：对不起，我从不借给其他人。

为维护个人自由，你必须对许多要求说"不"。如果你想维护说"是"的权利，那必须对浪费时间的人说"不"。

❷ **合理拒绝**。先说"不"，然后给出一个简明原因。例如：

- A：你能和我一起去吗？
  B：不，现在不行。现在我有很重要的工作。
- A：给我看答案。（随堂测验中）
  B：不，我不能。考试时是不允许的。

❸ **委婉拒绝**。尊重对方要求，带着同理心倾听，然后说"不"。例如：

- A：请买一张戏票。
  B：我很感谢你在城里组织了这场戏剧。但我现在不想去。谢谢。
- A：抽烟吧。拿支烟，别拒绝。
  B：谢谢。我不抽烟，这是我的原则。请别强迫我。

❹ **重复拒绝**。重申你的立场，并坚持拒绝。当对方不接受你的拒绝，一而再再而三要求时，这种技巧很有效。例如：

- A：你必须加入我们组织。
  B：我知道你想让我成为你们当中的一员，谢谢。但我不喜欢，不想加入。
  A：不，你必须加入。
  B：我不想。

A：不行，你必须来。我们需要你。

B：我说过了，我不想。

自信的人勇敢果断，能轻松自如地和陌生人交流，能得体、周到地化解尴尬场面。不自信的人犹豫不决、畏首畏尾、唯唯诺诺、胆小害羞。

在某些场合，我们需要表现自己。自信的人在交流中真实开朗，可以坦率地、适当地表现自己。表现自己时，最好是：

- 遇到对的人
- 程度恰到好处
- 有适当的理由
- 在合适的时间
- 在合适的场合

要想真正地表达爱、温暖、友谊、欢喜和欣赏，就需要修炼自己的自信。不阿谀奉承，赞誉之词发自内心。学习表达情感是一项重要的社交技能，也应该成为语言训练的一部分。例如：

- 你很棒。
- 我很感激，因为……
- 我很喜欢你给我买的新领带，很开心。
- 你来医院看我，我很感动。

自然而然地，这种情感表达会建立自尊，培养并加强我们欣赏他人的行为，同时促进与他人的良好关系。

在此，需要一探自信与和平的关系。如僧伽罗族民间谚语所说，和平的生活绝不意味着"让别人在你头上洗手"。显然，和平爱好者不会屈服于他人不公平的要求，也不允许自己任人摆布。和平的生活，需要自己有立场，在必要时能够说"不"。

逆来顺受和攻击冲动一样糟糕。事实上，这属于过激反应的另一面。人们对这两种极端反应进行了一个非常有趣的观察。许多罪犯表面上看性格顺从，但内心极具攻击性。俯首听命是一个面具，掩盖了易冲动、易激进的本质。顺从的人无异于潜在的侵略者，因此不能轻易相信他们。

此外，还需甄别另一类人：操纵者。这些人精明世故，利用他人，为己谋利；居心叵测，虚情假意，不以真相示人。相比之下，自信是一种健康的态度，心胸坦荡无龌龊，公开表达自我感受，特别是说"不""我不能""我不想"等。这种诚实的行为有助于化解冲突、平衡人际关系。

意志

意志是指一个人为实现个人目标而树立的坚定决心。由此，意志常表现得顽强、令人生畏，同时压制了生活中微妙而敏感的细节。然而，仔细研究一下，便有不同的理解。

意志是潜藏在我们意识深处的内在力量。罗伯特·阿沙吉奥利（Roberto Assagioli, 1988）认为意志的发展经历以下三个阶段：

① 认识到意志的存在
② 培养意志
③ 成为有意志的人

大多数人都没有意识到蕴藏在自己内心的巨大力量。正如日常所见，当人们面临危险时，会激发出强大的意志。意志可以通过冥想中的自我理解来发掘。目前，我们的意志被一层面纱掩盖，那就是由于依赖他人而产生的盲从态度。不幸的是，我们已经认同这种心态，是这种随波逐流的心态在主导我们的生活。

如果真正的意志被唤醒，它能够为实现预期目标的行动提供动力，还能提供洞察力，帮助形成具有战略性和创造性的解决方案。意志能够激活我们实现目标所必需的所有力量。阿沙吉奥利认为，意志的本质是纯净的。意志在我们的心中，帮助我们朝着正确的生活方向前进。如果意志被引向错误道路，像希特勒那样，那么人会失去内在智慧，变得残酷冷血，让自己和所有人一起走向灭亡。但人天生就具备朝向积极方向的趋势本能。

有许多良好的意志品质，值得融入儿童自我发展教育。例如：

- 性格力量
- 自律
- 注意力
- 决心
- 果断
- 毅力、耐力、耐心
- 勇气
- 有组织、有纪律

意志代表着一定的精神高度。这在伟大人物和慈善家身上表现得淋漓尽致，他们意志坚强，孜孜不倦，为人类进步做出突出贡献。

在实际生活中，意志推动我们践行计划、组织、领导、控制、协调，以实现目标。孩子们也应当培养这些技能。一个有意志力的人对生活也会制订目标明确、思路清晰的计划，并为之付出长期、持续、稳定的努力。无论过程多么复杂、诱惑多么强烈，其始终保持初心，坚定不渝。

自我理解

人类智力的重要功能之一是审视并理解自己的思维过程。如果没有这种特殊能力，人就会困囿于盲目和冲动的本能，成为情绪的奴隶。自我理解是对决定我们行为的条件和过程进行内省、观察、探索、检查和质疑。自我理解有助于形成自我认知，引导我们采取明智行动。换言之，自知之明产生智慧。智慧会以洞察力的形式在我们身上闪现。自我认知也能促进我们内心成长，发现真正的自我。

20世纪初，占主导地位的还原论和唯物论认为自省是不科学的。然而，随着心理学领域的拓展，狭隘的唯物论观点在如今日渐式微。

自我理解如何帮助、促进和改善儿童的人格发展和有效学习？首先，儿童通常以自我为中心，出现认知扭曲。根据让·皮亚杰（Jean Piaget）的说法，以自我为中心意味着无法从想象中辨认现实。但随着儿童的自我认知不断增长，他们的自我中心意识会逐渐减少。

儿童在情感上的成长需要帮助。人际交往中的一个严重问题是人们的情感不成熟。知识学习强调智力，抑制了内在情感。和平教育试图将情感学习与认知学习融合起来。当儿童表现出积极情绪时，学习动力就会以各种形式得到加强，如参与感、创造力、兴趣和承诺等。情感有其自身的智慧，这一点仍有待教育家正确理解。但事实上，作为教育工作者，我们常会回避学生的情绪，因为我们不知道如何处理。一个孩子越了解自己的情绪，他/她的智力发育就越好。

自我理解通过指明儿童的潜意识障碍，促使他们的内在得到成长，从而激活被障碍压制的创造力、想象力、洞察力和学习潜力。自我理解能够释放儿童内心的能量。

课堂实践

教师可以通过以下方法帮助学生更好地了解自己。

① **不断提问，引导自我反省**
- 你喜欢这个活动吗？
- 当你听到……这个词时，你的脑海里有什么直接想法和感受？
- 你对此有什么看法？
- 你从中学到了什么？
- 如何把我们所学的应用于日常生活中呢？

② **布置作业、练习和活动，让学生观察自我**
- 用你最喜欢的动物形象，如鸟类或鱼类，描绘你的家人。
- 列出你对未来的恐惧。
- 欲望的本质是什么？

③ **提供自我发展的方法**
- 我关心自己的父母吗？
- 我是否能保持房间干净整洁？（经常/通常/很少）

④ **鼓励学生在日常行为中注意观察或加强意识**

⑤ **通过提问，澄清价值观**
- 难道不是这样吗？
- 你对自己确信吗？

- 你说的……（如善良）是什么意思？
- 你是怎么想到这些的？
- 如果班上每个人都开始这样做，会怎么样？

（澄清价值观提问旨在促进自我反思、自我探究，以及对眼前问题的即时洞察，并不总是期望得到答复。）

预期成果

自信

① **维护自己的权利**
- 为自己说话
- 诚实地表达异议
- 发生冲突时不逆来顺受

② **维护正义和个人权利**
- 尊重并认可他人的权利
- 要求正义

③ **情绪成熟的行为**
- 行动注重现实
- 接受事实，愿意改变立场
- 面对批评，有建设性的心态

④ **目标导向的行为**
- 时间管理
- 自我管理
- 足智多谋

- 在困难和挑战面前，展现出勇气和毅力
- 组织能力

⑤ **自律**
- 目标清晰

和平文化建设提议

① 说服学生在课堂上表达自己真实的感受和意见。

② 鼓励在课堂上提问。

③ 尊重每个学生的独特性。

④ 通过赞扬来强化学生的自信行为。

学习活动

做真实的自己

① 发现自我

这是一项关于同理心、相互理解和自我发现的活动。

【适用对象】高中

【适用场景】语言课 / 进行听说技能训练时

【目标】1. 提高移情倾听的技巧。

2. 了解自己。

3. 感同身受地分享他人的生活经历。

【活动】

全班分成六人一组。每组选择一个主题：

- 我最大的成就
- 我最大的失败
- 我还想要获得的其他才能
- 我曾做过的让我后悔至今的一件事
- 我曾做过的让我想来就很开心的一件事

每个学生有 5 分钟就选定的主题畅所欲言。小组其他学生认真倾听，不得干扰。所有人完成后，进行课堂讨论。

【讨论】

引导性问题如下：

- 你喜欢这个活动吗？
- 小组每个成员都参与活动了吗？如果没有，存在什么困难呢？
- 你在发言时，有什么感觉？
- 请分享你在这次活动中学到的东西。
- 有哪些认识自己的方式？

② 了解自己的恐惧

这是一项关于自我发现的活动。

【适用对象】小学高年级

【适用场景】语言课 / 宗教（价值观）教育 / 小组辅导

【目标】了解自己的恐惧。

【活动】

让每个学生找出自己心中的恐惧，匿名写在一张纸上，折好。收集纸条，在课堂上进行分析。讨论摆脱恐惧的方法。

③ 我最大的恐惧

这是一项关于自我发现的活动。

【适用对象】小学高年级

【适用场景】语言课／宗教（价值观）教育／小组辅导

【目标】了解自己的恐惧。

【活动】

全班分成六人一组。给出一个学生可能会感到害怕的话题或情境。例如：

- 黑夜里穿过森林
- 在城镇／村庄迷路
- 遭遇瓢泼大雨

让各小组充分发挥想象，想象在这个时候遇到的最可怕的事情。把它们写下来。各组进行全班展示。

【讨论】

引导性问题如下：

- 恐惧的本质是什么？
- 恐惧如何影响我们的行为？
- 我们如何才能摆脱恐惧？请提出建议。

④ 我是哪种动物

这是一项关于自我发现的活动。

【适用对象】小学低年级

【适用场景】语言课 / 宗教（价值观）教育

【学科背景】艺术 / 绘画

【目标】帮助学生发现自我。

【活动】

请学生选择一种代表他 / 她的动物，如鸟、昆虫、鱼或爬行动物，并画出来，在画上写下这个动物的优点。向全班展示画作，并解释这个动物为什么以及如何能代表自己。

⑤ 竞争还是合作

这是一项通过合作解决问题的活动。

【适用对象】中学

【适用场景】语言课 / 演讲课 / 戏剧课 / 在课堂引入合作时

【目标】1. 各抒己见。

2. 采用合作解决问题，而非个人竞争。

3. 创造性解决问题。

【活动】

首先询问学生长大后想从事什么职业。（如教师、医生、律师、工程师、商人）

然后将全班分为五人一组，每组由五种不同的职业组成。讲述以下故事及情境后，请每组进行表演。

五个不同职业的人遭遇海难后，挣扎着游到一个小岛上。在岛上，他们陷入绝望，这时碰巧看到一个人划着一条木船经过。他们急忙喊住他，解释自己的困境，请求帮助。船夫说："我愿意帮助你们，但我的船只能带一个人走。这儿离大陆还很远，我必须选择你们当中最值得带上岸的人。"

现在每个人都在为自己说话。每个人都声称他所从事的是最有价值的职业。（小组必须这样做）

听过五人陈述后，船夫左右为难，说："不，我自己做不出判断。你们商量一下，推出一个人和我一起上岸吧。"（小组讨论应该推选谁）

【讨论】

引导性问题如下：

- 你通过这次活动学到了什么？
- 思考这句话："一个人必须学会在必要的时候为自己说话。"
- 你对自己在活动中为自己发声的方式感到满意吗？
- 这群不同职业的人最终如何达成共识？
- 在这种情况下，你能想到多少个解决问题的可行方案？
- 团队如何通过合作而不是竞争来解决这样的问题？

⑥ 顺从的特征

这是一项通过合作解决问题的活动。

【适用对象】中学

【适用场景】语言课 / 演讲课 / 指导学生自我发展时

【目标】理解顺从会导致自我挫败。

【活动 1】

邀请两位学生，请他们表演以下情节。

短剧表演

库马拉是个精明的男孩。一天他找到朋友贾里尔，说急需借用 200 卢比。

贾里尔性格比较温驯软弱。他有 200 卢比，那是父亲给他的考试费，明天必须交上。但库马拉软磨硬泡地哄着贾里尔把钱借给他，并答应第二天中午 12 点前一定还钱，这样不耽误贾里尔去邮局交考试费，因为邮局 12 点关门。出于对库马拉的信任，贾里尔把钱借给了他。

第二天，贾里尔左等右等，始终不见库马拉来还钱。最后可怜的贾里尔不得不去库马拉家找他。他敲了敲门，库马拉出来道歉说他还不了这笔钱。贾里尔非常沮丧，说他着急要在邮局关门前把钱交上。库马拉反问道：既然你这么着急，那为什么还要答应借出这笔钱。

贾里尔崩溃了。他失去了报考的机会，必须再等漫长的一年才能申请考试。

【讨论】

短剧表演后进行讨论，引导性问题如下：

- 贾里尔把钱借给库马拉，这样做对吗？
- 库马拉是个什么样的人？
- 你即使遭受损失，但仍然帮助别人，这可以被称为慷慨吗？
- 这笔钱对贾里尔很重要，为什么他还是把钱借出去了？（正确答案：因为他没有勇气说"不"）

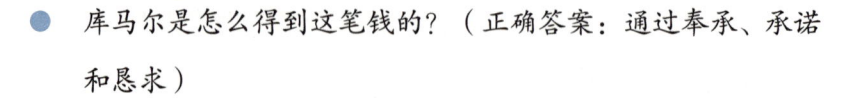

- 库马尔是怎么得到这笔钱的？（正确答案：通过奉承、承诺和恳求）

【活动2】

让同样的学生再表演一遍。这一次，贾里尔保持自信，坚定地说"不"。

【讨论】

- 为什么学习如何说"不"很重要？
- 如何坚定地说"不"或"我不能"？
- 在什么情况下你要说"不"？

（注：说"不"的时候有礼有节，不可粗鲁。）

⑦ 攻击的后果

这是一项探讨攻击性行为会产生哪些后果的活动。

【适用对象】中学

【适用场景】宗教（价值观）教育／指导学生自我发展时

【目标】了解攻击性是性格的弱点。

【活动】

和全班分享新闻报道，一个人因为愤怒去攻击或杀害另一个人。请学生讲述他们听到过的类似事件。

选择一个典型案例，请两位或一组学生进行模拟。

【讨论】

- 为什么有些人会表现出攻击性？他们自认为那样有什么好处？（如果有的话）

- 攻击性行为可能造成什么后果？
- 如何用自信的行为来代替愤怒？（讨论一个案例并进行模拟）

⑧ 你好，我也好

这是一项关于健康的人际关系和"双赢"方法的活动。

【适用对象】中学

【适用场景】语言课／演讲课／指导学生自我发展时

【目标】了解公平对待他人的必要性。

【活动】

步骤1　引入

在日常生活中，我们因各种事情和形形色色的人打交道。这种来往应当是积极、健康的。当处理问题时，我们必须关注对方的心理状态，让彼此相处融洽、和谐友爱。

在人际交往中，有时，我们会感觉"我很好"，但有时，我们也会感觉"我不好"。可能出现的情况如下：

- 我很好—你不好（对我有好处—对你没好处）
- 我不好—你很好（对我没好处—对你有好处）
- 我不好—你也不好（对我没好处—对你没好处）
- 我很好—你很好（对我有好处—对你有好处）

"对我好"意味着对我来说，是有益的／有利可图的／令人满意的。"对你不好"，则意味着对对方来说刚好相反。可以说，所有人际互动都属于上述四种情况之一。

步骤 2　案例研究

研究以下四个案例，学会做出正确判断。

① 学校放假了。阿里一大早醒来，因为功课落后，他决定今天一天都在家学习。上午10点，朋友可罕来邀请他出门去某地游玩。阿里不太情愿地加入了这次旅行。回家后，他很后悔自己浪费了一整天的时间。

② 最后一节课没有教师来上课。萨纳特撺掇戈帕尔逃学，于是他俩偷偷离开学校。但没走多远，副校长看见并叫住了他们，把他俩交给了校长。

③ 沙姆的伞丢了。第二天早上，他冒着雨离家去上学。在去公交站的路上，他淋得全身湿透。上车后，他旁边坐着一个带伞的人。中途那人拉响铃铛，走到门口准备下车，伞却落在了座位上。沙姆本打算叫住那人把伞递给他，但转念一想，还是没有那么做。最后沙姆拿起伞，在学校附近下了车。

④ 普尼玛正准备打开自己的午餐包，但发现同事塔鲁娜没有带午餐。于是，她跟塔鲁娜分享了自己的食物。

【讨论】

引导性问题如下：

- 分析每个案例，判断谁做得对，谁做得错，并给出判断理由。
- 与全班分享你最近感觉很好或不好的经历。
- 分享一次你感觉很好但对方感觉不好的经历，并提出一种让对方也感觉很好的方法。
- 你真诚地帮助了别人，却蒙受了损失，不过你还是很高兴帮助到了他。这属于哪一种情况？

⑨ 自信心的练习

这是一项关于品格塑造的活动。

【适用对象】中学

【适用场景】语言课 / 演讲课 / 指导学生自我发展时

【目标】1. 通过练习来提高自信。

　　　　2. 发现各种拒绝和反对的方式。

【活动】

学生两人一组，面对面站立，分别扮演 A 和 B。

A 提出无礼的要求。例如：

- "抽支烟。"
- "我要打 ××。你能和我一起吗？"
- "我们去邻居的花园里偷水果吧。"

B 则以各种方式果断拒绝该请求。例如：

- "这有违原则，我不会那样做。"
- "不，我不想做那种事。"

（请找出更多的表达方式）

【讨论】

- 你们俩一起做了什么？
- 你练习说"不"了吗？
- 现在你有足够的自信对别人的无礼要求说"不"吗？
- 在什么情况下要说"不"？

⑩ 学会自信地回应

这是一项关于健康的人际关系和"双赢"方法的活动。

【适用对象】 中学

【适用场景】 语言课 / 演讲课 / 指导学生自我发展时

【目标】 学习在不同场合都保持自信。

【活动】

全班围坐成一圈,请一位学生描述一种情况。在这种情况下,他/她本想果断行事,但却做不到。

示例

有一次我从一家商店买了一支钢笔。第二天我发现它有问题,于是去找店家换一只新笔。但店家拒绝了,说可能是我自己把这支钢笔弄坏了。

请每个学生根据当时情形做出果断回应。学生会产生各种自信的反应。

【讨论】

引导性问题如下:

- 你喜欢这个活动吗?请给出理由。
- 如果受到苛责,你有自信做出果断回应吗?
- 让我们准备一份保持自信指南,收录每个学生提出的建议。

⑪ 大声说出来

这是一项关于有效沟通的活动。

【适用对象】中学

【适用场景】语言课 / 鼓励进行有效演讲时

【目标】提高直接表达的能力。

【活动】

进行头脑风暴，列出人们不敢自由发言或表达自己的社交场合。例如：

- 在聚会上向陌生人介绍自己并开始交谈。
- 向医生解释自己的并发症。
- 警察怀疑你涉嫌偷窃，而你没有做过。
- 邻居播放的音乐声太大，打扰周围住户。

根据学生的回答准备好清单，先选取一个事例，再邀请学生轮流发言，运用自信的技巧进行直接表达。给学生几分钟准备时间。当他们以特定角色发言时，请给予鼓励。

【讨论】

引导性问题如下：

- 你从表演中学到了什么？
- 你的直接表达技巧有没有得到提升？
- 是什么让大家在这些情形下犹豫不决或退缩不前？

12 学习自律

这是一项关于培养意志的活动。

【适用对象】 中学

【活动】

步骤 1

- 拥有坚强的意志有助于实现人生目标。
- 我们必须通过日常实践来发展意志。
- 意志坚强有什么好处？（在黑板上列出清单）

步骤 2

闭上眼睛，放松几分钟。然后想象自己拥有坚强的意志，感受它的力量。想象自己有勇气和决心面对挑战、迎难而上、不惧威胁。

步骤 3

请学生谈谈他们在想象时的感受。

【讨论】

引导性问题如下：

- 一个意志坚强的人具有哪些特点？
- 举例说明你在生活中用意志战胜挑战。
- 你认为自己需要在哪些方面培养意志？
- 列出表达意志的词汇和短语。（同义词/词组）

教师自我评估表

时间：从_____到_____　　核心价值观：**做真实的自己**

需要强化的行为	融入路径									对学生积极变化的影响		
	语言	社会	体育	艺术	科学	其他学科	课外活动	课堂管理	教学方式	学科视角	非常有效	有效	没有效果
1. 维护个人权利	F	F	F	F	F	F							
	F	F	F	F	F	F							
2. 坚持正义	F	F	F	F	F	F							
	F	F	F	F	F	F							
3. 目标导向的行为	F	F	F	F	F	F							
	F	F	F	F	F	F							
4. 自律	F	F	F	F	F	F							
	F	F	F	F	F	F							
总频率													

√ = 讨论
X = 活动中讨论
F = 次（频率）

评价：_____

职业发展的建议：_____

完善指南的建议：_____

指导教师：_____

16 培养批判性思维

压制批判就是压制自由。

——美国哲学家悉尼·胡克（Sidney Hook）

教学目标

- 定义批判性思维
- 描述批判性活动和态度
- 培养质询和探究问题的技能
- 实践自我反思的价值澄清理论
- 使用基本方法分析问题
- 关注真相
- 使用基本方法做出担当型决策
- 做出明智的道德判断
- 锻炼思维技巧，写作、回答和演示时思路清晰

核心价值观

- 批判性思维
- 公正的调查
- 担当型决策

- 道德判断

教学内容

- 概念理解
- 批判性活动
- 批判性态度
- 批判性思维的障碍
- 决策
- 道德判断
- 总结性思考
- 预期成果
- 课堂实践
- 和平文化建设提议

学习活动

1. 刻板印象
2. 练习批判性质询
3. 质询方法
4. 价值澄清
5. 分析广告
6. 概念绘制
7. 重述问题

⑧ 力场分析

⑨ 因果分析

⑩ 快速决策

⑪ 找出利弊

概念理解

批判性思维是人类智力的一项基本功能，用于区分真假，辨别是非。这种能力可帮助我们在生活的各个方面选择正确的行动方案。批判性思维和创造力是促进我们文明进步的重要因素。那么批判性思维与和平有何关系？

显然，民主要求人们锻炼他们的批判性思维能力。历史向我们展示了专制的领导人是如何压制人们的批判性思维的，他们认为自己的领导地位受到了威胁。

和平生活需要人们行使这种能力，做出道德判断、担当型决策和正确的行为选择。在有争议的问题上，人们更容易屈服于一方，而不是保持公正和开放。后者需要你去获取相关信息、质询、批判地分析信息，并做出判断。

批判性活动

如前所述，批判性思维是指探究事情的真相，通过一系列智力活动来发挥作用。下面简要讨论其中最重要的活动。

怀疑是批判性思维的第一步。对任何有思想的人来说，对摆在面前的假设感到不确定，是正常的。这种不确定性激发人们的智力去探究事情的真相。在怀疑的过程中，提出以下问题：这是真的吗？难道只能是这样？

我们是怎么知道的？为什么那个人会这么说？虽然怀疑会造成分歧，导致不安情绪，但有必要继续进行调查。在这里，我们不应该把批判性思维和寻求确认的想法混为一谈。

质询是继续寻找支持或反对这一假设的信息和证据。简言之，质询就是对推导出结论的前提条件之真实性提出质疑。

分析是将一个问题分解为若干基本单元，以找出每个单元的真相。分析一个假设的方法有很多。通过不同的角度或观点来看待它，追踪这个假设的进展，将之与其他假设进行比较和互证，对结果进行分类和甄别。这些都是分析的方法。

现实测试是试图将其应用于当前现实情况或问题，判断其效用或真实性。

验证可以发现证据是否有效、一致。

总结形成结论，判断这一假设真假，有效或无效，正确或错误。

批判性态度

一个好的批评者需要一系列正确的态度来恰当地锻炼其能力。不偏不倚的态度是基本要求，此为第一种态度。批评者需要不断观察自己内心的动机，经常反思：

- 我带有偏见吗？如果有，是什么偏见？
- 我是怎么产生这种偏见的？
- 是否存在什么隐藏的或潜意识里的动机，导致我站队某一边？
- 我有感情用事吗？

第二种态度是公平、公正地对待问题的各个方面。批评者需自问：

- 在这个问题上，是什么内在因素和外在因素导致我不能秉公执正？
- 我是否从各个方面调查了相关信息和证据？
- 我在智力上诚实吗？
- 我是否充分研究了与该问题相关的所有观点或方面？

第三种态度：批评者需关注其提出的批评是否具有建设性。批评应该使那些关注者和受此问题影响者受益。批评者应该反思其批评：

- 是否提供了正确的方向？
- 是否有助于理解这个问题？
- 是否为建设性行动提供了灵感？
- 是否友好？
- 是否采取了积极的语气？

批判性思维的障碍

自由质询

哦，卡拉玛人，

你的怀疑是正确的，你的不确定也是正确的。

你怀疑了值得怀疑的地方。

不要仅仅因为你反复听到，就接受它。

也不要因为是传统继承下来的，就接受它。

谣言，

> 推测，
>
> 公理，
>
> 无懈可击的推理，
>
> 貌似正确的逻辑推论或推断，
>
> 吸引人的形式、形态或外观，
>
> 受欢迎的信念，
>
> 他人表面上的能力，
>
> 对师者的尊重，
>
> 都不是你接受的理由。
>
> ——"佛陀自由质询章"（《卡拉玛经》）

上述佛陀给出的质询指南 2500 年后依然有效。他赞同将自由质询作为一项基本人权，甚至在宗教领域也是如此。

如今，质询是以科学方法为基础的，其步骤可简化为：

① 明确问题所在。
② 通过观察、分析等方法来研究问题。
③ 提出一个假设。
④ 通过实证实验来检验该假设。
⑤ 得出结论。

在科学领域，学生要从小学就开始接受科学质询方面的训练。在学校里，教师经常抱怨学生面对提问时很被动。这种被动显然是以教师为中心的教育的结果。

决策

我们常认为决策是一个简单的行为。但如果仔细观察，就会发现它是一个复杂的行为，涉及伦理、社会、组织、法律、政治等多个维度。我们的决策会对家庭、组织和参与者产生影响。显然，这是一种高度理智的、承担社会责任的个人行为。教育应该帮助学生成为理性的决策者。

> **课堂活动**
>
> 讨论以下决策指南的意义。
>
> - 明确问题所在。
> - 收集该问题所有的相关信息。
> - 向其他人咨询，检验你的假设。
> - 不要屈从于他人施加的压力。
> - 抛弃个人情感倾向、喜好厌恶、偏见和先入为主的观念。
> - 具有前瞻性。

一般而言，决策有三种类型，即日常型决策、冲动型决策和担当型决策。日常型决策是根据习惯做出的机械反应。冲动型决策受欲望、愤怒、诱惑、蔑视等情绪所驱使。

决策可简单地表述为：

- 我要去哪里？
- 我现在该怎么办？我到底想去哪里？
- 我现在该怎么才能去我想去的地方？

担当型决策过程需经历六个阶段：

① 明确、分析和定义问题。
② 尽可能多地收集信息。
③ 生成备选方案。
④ 评估每种备选方案，考虑其可行性、效益和后果。
⑤ 选择最佳备选方案并予以实施。
⑥ 评估成功的结果。（如果问题未能成功解决，请返回阶段①）

了解我们必须做出决策的先决条件也很重要。有以下三种前提条件：

- **确定性**指决策者能够保证预期结果。在这种情况下，进行决策是轻而易举的。日常型决策大多是在确定的情况下做出的。
- **不确定性**存在于决策者难以获得处理问题所需信息或知识的情况下。甚至决策者对问题本身也不清楚。此时风险很高。
- **冲突**指决策者面对一方或多方的竞争情况，此时各方为了获得利益，企图击败彼此。

道德判断

道德被定义为：

① 关于正确和错误行为的原则；
② 符合伦理的；
③ （属性）基于人们认为什么是正确的，而不基于法律权利和义务；

④ 遵循正确行为的标准，品行良善（*Oxford Dictionary*，1989）。

在这种情况下，教师理解儿童道德发展的阶段是非常重要的。皮亚杰提出道德发展的四个阶段。简言之，在最早的阶段，孩子是以自我为中心的，认为"对我好的，就是好的"。随着孩子进一步成长，他开始认为"对我的长辈好的,就是对我好的"。这是孩子模仿、寻求与成人行为标准一致，追求行为准则的阶段。大多数小学低年级的儿童都处于这一阶段。

在第三阶段，孩子们认为"对我的同龄人有好处的，对我也有好处"。在这一时期，他们很容易受到同龄人的影响。

随着青春期的到来，青少年基于伦理原则，有能力进行抽象思考和独立的道德判断。于是他认为，"普遍认为好且公平的，就是好的"。皮亚杰认为，这种独立的、有原则的道德发展阶段是最高阶段。

总结性思考

批判性思维是学生通过教育获得的一项基本智力能力。它有助于形成正确的决策和道德判断，这是首要的、也是最重要的功能。在教学中，教师有必要了解学生的道德发展阶段。

预期成果

① 质询
- 提问、分析
- 自我反思、澄清自己的价值观和偏见

② 理性思考
- 逻辑论证

- 识别非理性因素

③ **关注真相**
- 探究事情真相
- 接受真相

④ **有效的道德判断**
- 基于原则的正确行为判断

⑤ **有效的决策**
- 厘定问题
- 收集信息，生成备选方案
- 选择最佳备选方案
- 咨询和检验
- 实施

课堂实践

- 采用批判性的方法来授课。
- 总是考虑到正在讨论的问题的其他方面。
- 不要代替学生来评判事情的是非与对错。
- 在理性的基础上得出结论。
- 鼓励学生在课堂上提问。
- 当课堂上出现争议时，要进行简短的辩论或讨论。
- 鼓励新的视角。
- 学习价值观时，提供模拟和角色扮演道德情境的活动。
- 利用故事来介绍决策技巧。

和平文化建设提议

① 鼓励学生组织就重要的当代社会问题进行辩论。

② 组织历史、科学、社会研究等方面的学术研讨会和讲座。

学习活动

培养批判性思维

① 刻板印象

这是一项关于探究批判性质询基本障碍的活动。

【适用对象】中学

【适用场景】语言课 / 文学课 / 讨论刻板印象后

【目标】识别我们思维中的刻板印象。

【活动】

步骤1

在黑板上写下"蛇",然后问全班学生,当听到这个词时,他们会有什么样的想法和感受。学生可能会这样说:

- 邪恶的
- 有毒的
- 危险的
- 会咬人的

把他们的回答写在黑板上,然后继续写下一个词"狐狸"。学生可能会说：

- 狡猾的
- 精明的
- 聪明的

在黑板上写下这些答案，并展开讨论：

- 你的回答够准确吗？
- 所有的蛇都有毒吗？
- 所有的蛇都危险吗？
- 你能告诉我们一些不会咬人的蛇的名字吗？

让学生明白，称蛇"有毒"是一个固定的结论或概念，并不适用于所有的蛇。

再接着讨论学生对"狐狸"一词的回答。狐狸是狡猾的生物吗？（其实，狐狸和其他任何动物都一样。只是讲故事的人把它们描绘成"狡猾"和"精明"的样子。但事实并非如此。）

刻板印象是我们从某一个人、团体、传统或宣传中获得的一种想法，但没有对其进行批判性分析。我们通常不会对其产生怀疑就全盘接受，因为似乎每个人都这么认为。

步骤2

在黑板上写下如下词语：

- 敌人
- 白人
- 黑人
- 我的国家

询问学生对它们有哪些固有的想法和感受。这种反应就是刻板印象。

步骤 3

为培育批判性思维，当听到某些词语，看到某些物品、图片和人物时，我们必须时刻警醒脑海中出现的固有观念。

步骤 4

探索我们脑海中关于各种事物、人物、事件等的刻板印象，列在黑板上。

【讨论】

引导性问题如下：

- 你从这次活动中学到了什么？
- 你准备好质疑你的固有观念了吗？
- 人们喜欢质疑自己的信仰和价值观吗？如果不喜欢，他们在害怕什么呢？
- 识别我们的刻板印象有什么好处？

② 练习批判性质询

这是一项关于如何进行质询的活动。

【适用对象】小学高年级 / 初中

【适用场景】语言课 / 演讲课 / 鼓励学生质询某个特定问题时

【目标】学会对问题进行质询。

【活动】

在黑板上写以下六个词：

- 什么
- 为何
- 如何
- 何时
- 何地
- 谁

向学生解释以下两点：

- 人们不断强迫我们接受或相信他们告诉我们的东西。
- 不经质询地接受别人的想法，我们可能会出错。

现在我们根据黑板上的六个词，进行批判性质询。

请一名学生做一个简单陈述，如"我看到了一辆车"。其他学生根据这六个词向他提问。例如：

- 什么样的车？
- 你为什么要看它？
- 你是什么时候看到那辆车的？
- 它在哪里？
- 车里有谁？

其他可用的陈述还有：

- 我不喜欢乘公共汽车旅行。
- 月球影响着地球。
- 镇上每天都有犯罪事件的报道。
- 警察在监视违法者。
- 占星家说：星辰影响着我们的生活。

鼓励对这些陈述提出创造性的问题。

【讨论】

引导性问题如下：

- 你从这次活动中学到了什么？
- 如果你感到有困难的话，那是什么样的困难？

- 你将如何在日常生活中应用批判性质询？

③ 质询方法

这是一项关于指导学生如何组织写作或做出描述性回答的活动。

【适用场景】讨论如何组织语言进行写作或回答时

【目标】为质询提供方法和依据。

【活动】

步骤1

在黑板上画出以下模型。

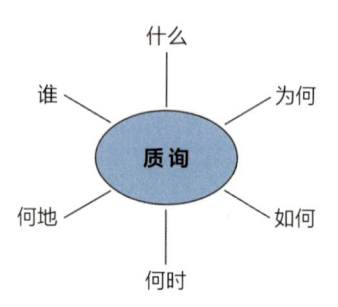

```
          什么
    谁            为何
          质询
    何地          如何
          何时
```

告诉学生，他们可以使用这一模型进行质询，组织写作或描述性回答等。接着以"我们吃的食物"为例。从以下角度进行思考：

- **什么**
  - 我们吃什么样的食物？
  - 不同国家的人们吃什么样的食物？
  - 最基本的食物是什么？（碳水化合物、肉类等）
  - 好的饮食习惯是什么？
- **为何**
  - 我们为什么要吃东西？

- 为什么我们应该选择适合的食物？
- **如何**
  - 食品是如何生产的？
  - 我们如何选择适合的食物？
  - 我们应该如何确定食量？
  - 食物是如何变质的？
- **何时**
  - 我们白天应该在什么时候吃饭？
  - 我们什么时候需要吃不同的基本食物。需要吃更多吗？
- **何地**
  - 我们是从哪里得到食物的？
- **谁**
  - 哪些人参与了食品的生产和准备？

步骤2

给出一个可供分析的话题，如环境污染。让学生用这一模型的六方面问题来组织描述，并分组讨论。

【讨论】

回顾学生的展示并提出改进建议。

④ 价值澄清

这是一项质疑自己价值判断的活动。

【适用对象】中学

【适用场景】语言课 / 宗教（价值观）教育 / 帮助学生批判性地反思

其价值观时

【目标】使学生审视自己的价值观。

【活动】

本活动需要一个空置的大厅，学生可以自由走动。露天环境也同样适用。

步骤 1

定义什么是价值判断。当你说某件事是好的/坏的/对的/错的/公平的/不公平的时候，这就是对价值判断的陈述。请学生举例。

请学生正面排成一列。开始活动前，先宣读一些价值判断的示例。例如：

- 吃动物的肉是不道德的。
- 你不可能从一个坏人那里获得好的结果。
- 人们的生活可以没有冲突。
- 我相信鬼魂的存在。
- 应当废除死刑。

请学生中同意者站一边，不同意者站另一边。全班因不同意见分成了两组，双方进行一次简短辩论。每个参与者只有 3 分钟时间陈述理由。至少完成五个价值判断的辩论。

【讨论】

引导性问题如下：

- 你从这次活动中学到了什么？
- 活动中最有趣的例子是什么？
- 谁提出了一些有趣的问题？
- 你喜欢这个活动吗？为什么？

⑤ 分析广告

这是一项练习批判性分析技巧的活动。

【适用对象】 高中

【适用场景】 语言课 / 宗教（价值观）教育 / 练习批判性思维时

【材料】 从杂志上摘选至少 5 个有吸引力的商业广告

【目标】 发展批判性思维。

【活动】

步骤 1

解释以下几点：

- 我们受到周遭商业广告和其他广告的猛烈冲击。
- 商业机构通过广告，让人们更多地购买其产品，赚取巨额利润。
- 广告包括其他类型的宣传，如政治、组织等。
- 广告商利用微妙的心理学原理或策略，提高广告宣传的实效性。

步骤 2

展示一则广告，识别其中的心理学原理或策略。例如：

- 能够打动年轻人。
- 使用有吸引力的人物形象。
- 使用孩子的照片。
- 用一个噱头与产品联系起来。

步骤 3

学生分组。为每组提供一个广告。请各组识别其中所使用的心理学策略。

【讨论】

在展示之后进行以下讨论：

- 现在你能识别广告中的宣传技巧吗？
- 为什么我们要对各种宣传手段持批判态度？

⑥ 概念绘制

概念绘制可为给定主题提供一种工具。该工具有利于生成和组织想法，在计划演讲、写作和回答时也很有用。

【适用场景】 社会课／语言课／指导学生在写作过程中组织想法时

【目标】 1. 形成观点。

2. 将观点通过行文或回答表述出来。

【活动】

概念绘制是指面对任何给定的主题，有组织地思考和形成观点。这种工具可以帮助我们围绕既定主题产生想法、线性思考、积极探索、组织语言，也可用于演讲稿撰写、书面作文和回答问题。

概念绘制的步骤如下：

① 把主题或问题写在纸的中心位置，然后将它框起来。

② 从中心画一些线条向外延伸，表示主要想法。

③ 在主要想法线条下画出分支线，一条线代表一个具体想法。

④ 涵盖主题或问题的各个方面。

以一个社会问题为例，在课堂上演示如何进行概念绘制。

⑦ 重述问题

这是一项关于练习从多个角度看待问题的活动。

【适用对象】 高中

【适用场景】 社会课 / 讨论社会问题时

【目标】 提高批判性思维。

【活动】

步骤 1

向学生解释，问题其实是我们对现有情况的理解。因此，不同的人可能会以不同的方式看待同一个问题。例如，公立学校学生过多的问题可被理解或解释为：

- 需要扩容学校条件。
- 需要优秀的学校建筑师。
- 需要建立学校分部。
- 需要限制学校教育。
- 需要招聘教师。

遇到问题时，从多个方面去了解，从各个方向找出口，这对我们很有帮助。重述问题需要：

- 从不同的角度来看待问题。
- 把问题的焦点转移到其他地方。
- 扩大视角，提升格局。

步骤 2

将班级分组，分给每组一个不同的问题。例如：

- 人口过剩

- 环境保护
- 自然资源枯竭
- 就业问题
- 城镇扩大化

【讨论】

在展示之后，找出更多重述问题的方法，并讨论：

- 为什么重述问题是有用的？

⑧ 力场分析

这是一项关于情境分析的活动。

【适用对象】 高中

【适用场景】 社会课 / 历史课 / 学习如何分析当代社会问题并找出解决方案时

【目标】 练习使用社会问题分析的工具。

【活动】

步骤 1

对一个社会事件 / 情况 / 问题进行分析。首先，应确定目标或解决方案。其次，应确定实现目标的阻碍力量。在实现目标的过程中可能会遇到阻碍、限制、约束或威胁。最后，应确定实现目标的援助力量，如支持团队、设备设施等。增加援助力量会削弱阻碍力量。上述三个因素可以用下面的模型来表示：

```
援助力量 → ← 阻碍力量
         → 目标 ←
         →    ←
```

图 16-1　力场分析模型

步骤 2

列举一个亟待解决的社会问题。将全班分组，通过讨论确定目标、阻碍力量和援助力量。小组进行分析后，提出解决方案。

示例

假设你所在社区的居民正逐渐离开村庄，迁移到附近城市，因此，该村庄的发展工作被忽视了。请考虑现有的因素，提出建议阻止或减少人口外流。

⑨ 因果分析

这是一项介绍分析问题工具的活动。

【适用对象】高中

【适用场景】社会课 / 学习寻找问题的原因和影响时

【目标】培养分析能力。

【活动】

讨论要点：

- 一个问题起源于一个或多个原因。
- 问题是因果关系的产物。
- 当原因被消除后，这个问题就不复存在。

选择一个问题来进行因果关系的分析。

示例

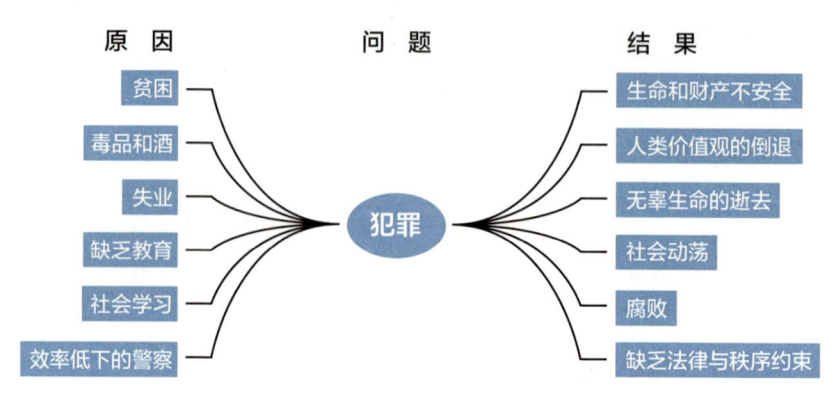

原因	问题	结果
贫困		生命和财产不安全
毒品和酒		人类价值观的倒退
失业	犯罪	无辜生命的逝去
缺乏教育		社会动荡
社会学习		腐败
效率低下的警察		缺乏法律与秩序约束

根据分析得出以下建议：

① 通过扶贫项目提高生活水平。

② 解决就业问题。

③ 提高教育质量，实现全民教育。

④ 减少崇尚暴力的社会宣传。教导媒体人士。

⑤ 改进和重整目前的警力，引入犯罪侦查新技术。

（注：每个主要原因都有几个次要原因，主要结果也是如此。主要因果可以生成很多分支。）

选择一个社会问题，分小组进行分析。

【讨论】

引导性问题如下：

- 确定问题的原因和结果有什么用？
- 什么是次要原因？

⑩ 快速决策

这是一项关于快速做出决策的活动。

【适用对象】中学

【适用场景】体育课 / 课堂管理 / 开展社交活动以打破课堂的单调时

【目标】1. 有趣。

2. 提高快速决策能力。

3. 团队建设。

【活动】

步骤 1

将学生分成五组，设置一个情景，要求必须在两分钟内通过小组形式做出决定。"现在，我要给你们一个具有挑战性的情景，你们必须在小组中快速做出决定。"

情景示例

① 你是班级某团队的一员，你们自愿出资筹集了一笔资金，想为学校图书馆购买一些书籍。你把 3000 卢比交给团队的杰格斯，让他第二天把钱还给你。然而，杰格斯第二天没来上学。好几天过去了，他都没来上学。你们团队决定去他家看看发生了什么事。到他家后，杰格斯说他回家时在拥挤的公共汽车上丢了钱。他很难过，不知道该怎么办。现在，作为一个团队，你们准备怎么做？

② 你需要独自去附近城镇办事，但你不认识那里的人。下车后，你发现钱包不见了。你打算怎么办？

请提供至少五种这样的情景。

【讨论】

请各组派一名成员公布小组决策。把这些决策列在黑板上，然后逐一讨论其可行性和优缺点。最后选出最佳决策。

⑪ 找出利弊

这是一项关于如何做出明智决策的活动。

【适用场景】 课堂管理/讨论自我发展时

【目标】 提高决策能力。

【活动】

步骤1

讨论良好决策的重要性。与学生一起探讨我们所做决策的类型(如日常型决策、冲动型决策和周全型决策等)。尝试找到一种做出周全型决策的方法。

找出我们在决策中该做的和不该做的。将学生分成若干组,让他们准备一份决策中该做的和不该做的清单。

示例

该做的	不该做的
了解情况/问题	不要情绪化
寻找信息	不要在困惑或生气时做决策
相互讨论,看到问题的正反两面	

当学生完成任务,向班级展示清单。对好的观点进行表扬。

步骤2

强调做决策时需要关注问题的正反两面。

情景示例

今天是周六。一大早,住在附近的一个朋友回到家,邀请你和他的朋友们一起参加野餐。你必须决定是去野餐还是待在家里。

建议使用以下技巧：把一张纸分成两部分，左边写"利"，右边写"弊"。通过分析这两个方面，评估每一种备选方案。

示例

方案 1　参加野餐

利	弊
1. 可以开心玩耍	1. 必须要花钱
2. 能认识新朋友	2. 会错过在家复习备考
3. 能去那个特别的地方	3. 父母不喜欢我去
4. 能和朋友一起无拘无束	4. 那个地方对我来说并不是很有趣
5. _____	5. _____

方案 2　待在家里

利	弊
1. 可以准备考试	1. 无论如何这一天都不会很有趣
2. 可以洗衣服	2. 会错过去那个地方的机会
3. 可以好好休息	3. 我的朋友会因此不喜欢我
4. _____	4. _____

活动过程中需注意以下几点：

- 多与人讨论以获得正确的信息。
- 尽可能找出更多的结果。
- 给重要的利和弊打上钩。

【讨论】

引导性问题如下：

- "决定不难做出，难的是如何执行。"请对这句话做出评论。
- 你如何在日常生活中应用这个技巧？

教师自我评估表

时间：从_____到_____　　核心价值观：**培养批判性思维**

需要强化的行为	融入路径									对学生积极变化的影响		
	语言	社会	体育	艺术	科学	其他学科	课外活动	课堂管理	教学方式	学科视角	非常有效	有效	没有效果
1. 质询能力	F	F	F	F	F	F							
	F	F	F	F	F	F							
2. 理性思考	F	F	F	F	F	F							
	F	F	F	F	F	F							
3. 关注真相	F	F	F	F	F	F							
	F	F	F	F	F	F							
4. 有效的道德判断	F	F	F	F	F	F							
	F	F	F	F	F	F							
5. 有效的决策	F	F	F	F	F	F							
	F	F	F	F	F	F							
总频率													

√ = 讨论
X = 活动中讨论
F = 次（频率）

评价：_____

职业发展的建议：_____

完善指南的建议：_____

指导教师：_____

17 非暴力解决冲突

愿意解决问题并不意味着你是错误的一方，而是你不再把错误归咎于他人，把过去一笔勾销，让彼此重新开始。

——海莲娜·柯尼利斯和苏珊娜·费尔

（Helena Cornelius and Shoshana Faire）

教学目标

- 定义冲突
- 根据各方需求分析冲突
- 重视建设性的冲突解决方案
- 解释有效解决冲突的步骤
- 介绍愤怒控制的方法
- 培养调解技巧

核心价值观

- 合作解决冲突
- 非暴力
- 理解他人需求
- 调解

教学内容

- 概念理解
- 定义
- 原因
- 冲突可以是建设性的吗?
- 冲突解决步骤
- 预期成果
- 儿童的冲突世界
- 课堂实践
- 和平文化建设提议

学习活动

1. 什么是冲突
2. 数方块
3. 两头驴的故事
4. 一个橘子引发的冲突
5. 谁的芒果树
6. 控制愤怒
7. 如何应对发怒者
8. 权力之争
9. 建设性解决冲突
10. 调解

概念理解

冲突无处不在。它是生活的一部分。事实上，在当今时代，由于个体差异日益加剧、社会日趋多样化，冲突仍在持续增加。同时，经济、政治以及其他领域的竞争进一步激烈化。随着人口的增长，物理空间和资源日渐短缺。在此背景下，我们必须学习如何在冲突中生活，建设性地处理和解决冲突。本主题聚焦于教育孩子如何解决冲突。首先让我们一起来了解什么是冲突。

定义

什么是冲突？不同的人会给出不同的答案：

- 意见的分歧
- 需求的较量
- 两人或几人之间意见不一的局面
- 破裂的关系
- 彼此之间恶性的竞争

诚然，冲突生发于意见的分歧。如果不能在一开始就解决冲突，那么冲突会进一步复杂化和激化。在冲突升级的过程中，与你有分歧的朋友、同事或邻居，慢慢变成你的对手，最终成为敌人。最初开放和友好的局面将逐渐变得紧张、敌对。

原因

人们为什么会陷入冲突？原因在于对方的行为方式。当两个或两个以上的人发生冲突时，他们的利益或许涉及：

- 利益攸关的商品，如物品、土地、货币
- 利益攸关的机会，如获利时机、特权
- 利益攸关的原则和价值观，如宗教信仰、意识形态、文化价值观
- 利益攸关的领地，如房屋、土地、空间、道路、地位
- 利害关系，如信任、承诺、个性冲突

任何一起冲突，无外乎是因双方利益受到威胁。其中交织的可能是一种利益，也可能是几种利益。罗斯·斯廷格（Ross Stinger, 1967）将冲突定义为"两个或两个以上的人都渴望实现目标，但他们认为只可能实现其中一人的目标，而不会都实现的情形"。根据该定义，冲突由以下三部分构成：

- **情形**，即冲突双方视对方为竞争对手，或有相互竞争的利益或需求的情况。
- **态度**，如会导致敌意和挫败的态度。
- **行为**，如威胁的、破坏的、利己的、反对的、退缩的行为。

这种冲突模型在分析冲突时简单、适用。(Michell, 1981)

冲突可以是建设性的吗？

如前文所述，经历冲突是不愉快的，会让人产生紧张情绪。激烈的

冲突与强烈的焦虑、困惑、痛苦和负面情绪有关。然而，这种心态可以转化为一种充满挑战感、效率和力量的积极状态。这取决于你看待冲突的方式。如果你以建设性的态度看待它，你就会感到积极。对冲突持积极态度，就是把它视为发展和纠正自我的挑战和机会。下次当你遇到冲突时，问问自己：这能给我带来什么机遇？我如何从中发展自己？我从中学到了什么？

冲突之所以有破坏性，只因为缺乏处理冲突的技巧。如果处理得当，就会带来积极效果，促使人成长、建立新关系、享受乐趣和培养自信。试着回忆一下你曾经建设性处理过的冲突。如果不理解冲突的价值，且以消极情绪回应，破坏性冲突就会发生。

以建设性的方式解决冲突，你应当：

- 控制负面情绪
- 积极倾听
- 高效发言
- 在与对方沟通时，抱以解决问题、满足需求、理解情绪的态度
- 直接而准确地面对问题
- 将人与事分开，对事不对人，采用解决问题的方式
- 谅解对方，同时让对方理解自己
- 愿意基于事实和理性改变立场
- 展现幽默感
- 形成双方都能接受的解决方案
- 切中要害，不拖泥带水

- 运用社交技巧
- 坚持不懈

冲突解决步骤

面对冲突时，我们一般意在击败对方，大获全胜。这导致对方也采用同样的方式，于是破坏性竞争出现。

无论哪种冲突，都有四种可能的结果。把冲突双方分别命名为 A 和 B，可能出现的结果如下所示：

	A	B
（1）	赢	输
（2）	输	赢
（3）	输	输
（4）	赢	赢

当一个人战胜另一个人时，就会顺理成章地出现（1）和（2）两种结果。结果（3）指双方都是输家。例如，某组织两名成员互相攻击，结果双双被解雇。结果（4）指双方都是赢家，是理想的解决方案。这意味着他们以双方都满意的方式解决问题，但并不一定是各自最初所预期的那样。在谈判沟通过程中，每一方都必须做出让步或牺牲。只有这样，双方才能达成共识。冲突各方应相互合作、调整立场，最终达成双方满意的解决方案。

在冲突中，达成解决方案需经历三个基本阶段：

1. 对抗

② 谈判

③ 实施

下面来看看如何通过这三个阶段，达成令人满意的解决方案。

对抗是分歧浮出水面的阶段。因此，双方感到不安，甚至觉得受到威胁。但在最初阶段，开诚布公地讨论问题相对容易。在这个阶段，双方可以：

① 根据相关需求来定义问题

首先，有必要了解"需求"一词的含义。任何冲突的核心都是冲突各方的需求。事实上，冲突是两组或两组以上的需求互相竞争。当一个人发现他的需求受到威胁时，自然的反应就是防御，而防御也包含着恐惧心理。因此，需求和恐惧共同存在。例如：

> 一天，当站长宣布火车晚点时，我大发雷霆。那是我考试的第一天。我立刻感到恐惧，因为火车延误可能会导致我考试挂科。

每种需求都会产生对可能造成的损失的恐惧。要理解冲突，必须确定他人以及自己的潜在需求和恐惧。然而，人们的需求大多被其要求所掩盖。要求是不同于需求的，要求产生于欲望。换言之，要求是一厢情愿的企图，而需求是真实的必要——没有了它，就无法生存。例如：

> 你渴了，因村里店铺没有你想要品牌的甜饮料而生气。在这种情况下，你的需求是什么？事实上，你真正需要的是喝水解渴。

这个例子将要求和需求相提并论。解决冲突，就要避免为人的要求或欲望所困扰。要透过他们的要求，找出潜在需求。每个处于冲突中的人都必须确定自己和对方的需求。为此，切勿责备他人，而要采用这样的表达："我需要的是……""当你这样做的时候，我感觉很难过，因为……""告诉我你真正的需求是什么？"

❷ **同意对方对问题的定义**

如果双方对问题各执一词，那么冲突是无法解决的。首先，应该就问题到底是什么达成一致。如果与某人发生冲突，关于冲突是什么，己方说的是一回事，而对方说的是另一回事，那就遑论处理这一冲突了。这种情形在我们周围比比皆是。

谈判是就影响双方或多方的问题解决达成共同、公平协议的过程。在谈判中，一方会通过提问来从对方立场认识问题，同时试图解释己方立场。在相互理解后，双方试图找到一个双赢的解决方案。谈判中，可通过提出问题，引导谈判向正确的方向发展。双方就谈判所涉及的问题和对方的需求寻求明确解释。

积极倾听是谈判中的一项重要技巧。积极倾听包括充分关注对方在说什么，反馈并鼓励更深入的探索，支持对方寻找解决方案，以及总结谈判内容。

❸ **头脑风暴，找出可能的解决方案**

与对方一起找到问题的备选解决方案。不要固守己见，只把自己想要的作为唯一的解决方式。同时，通过探索双方均认可的方案，促使对方也不要一意孤行、固守立场。

❹ **为双方选择最佳解决方案**

逐一评估备选方案，删除不可行部分，直至双方均满意。选出最佳方案。

❺ 实施解决方案

实施是最后一个阶段，指设定约定的时间目标，并按照约定的解决期限采取行动。

❻ 评估实施情况

了解解决方案在实践中是如何工作的，以及人们对方案的看法。开始实施时，双方可能需要进行一些调整，最初的问题也许会发生变化。但是，如果双方对进展不满意，可以重启谈判。

在解决冲突的过程中，你需要具备积极倾听、保持自信、分析冲突和谈判的技巧。上述步骤顺序看起来很正式，但在实际情况中，可以交叉混合使用。不过，若以这种方式达成解决方案，双方需要在平等的基础上做到诚实守信、相互尊重，同时必须愿意达成共识，愿意相互合作，找到令人满意的解决方案。

预期成果

- 定义冲突
- 根据各方需求分析冲突
- 重视建设性解决方案
- 有效的解决技能
- 调解能力

儿童的冲突世界

孩子们并非没有冲突。教师需要知道孩子们之间冲突的性质和类型。在帮助他们学习解决冲突时，教师可以举一些他们冲突中的案例。

家庭冲突

- 兄弟姐妹之间的嫉妒，互相攀比他们从父母那里得到的东西
- 平等待遇、特权和个人权利的问题
- 因履行职责所产生的问题
- 无法处理父母的愤怒、负面评价和暴力
- 被剥夺了玩耍、结识朋友和自我表达的自由
- 被剥夺了父母的爱
- 由于低收入，被剥夺了生理需求，如食物、合适的住所
- 与邻居的哥哥或大孩子之间的问题
- 父亲酗酒扰乱了家中安宁
- 虐待儿童的例子，如家长对孩子严厉的惩罚
- 父母的分居
- 虚假指控

学校冲突

- 辱骂
- 被冷落或嘲笑
- 被冤枉
- 害怕没有准备好，比如没有铅笔、没有完成作业、没有做好功课
- 被教师误解
- 被教师负面评价
- 被同伴欺骗
- 被剥夺了参与孩子们喜欢的活动的机会
- 无法买到学校要求的东西

- 生理问题，如饥饿、营养不良
- 被同龄人排挤
- 青少年成长问题

课堂应该设有开放的环节，让孩子们可以自由地讨论、表达他们的冲突和问题。遗憾的是，传统的学校事务过于繁忙，无法顾及孩子们的这一精神成长需求。

课堂实践

① 在文学、历史和社会等课程学习中寻找机会，讨论解决冲突的概念和方法。课本中的一些事件能够提供很好的案例研究，比如通过这些事件识别冲突双方的需求和恐惧，思考未能达成共识的原因，当事人的短视以及他们本可以通过什么方式解决问题等。

② 指定一个或几个班级调解员，帮助学生解决他们的冲突。让学生有机会在实际情境中练习解决冲突。

③ 为学生组织专题会／讨论会，培养他们积极倾听、概念分析、谈判和解决问题的技能。

④ 当你发现学生间存在严重冲突时，单独安排谈话，私下进行辅导，帮助他们了解彼此感受，探究自己的意识，挖掘此类行为的深层原因和尚未解决的潜在问题。让他们讨论并解决他们的问题，说出自己的想法，互相倾听，提出备选方案，最终达成一致。

和平文化建设提议

① 为学生提供机会，让他们在课堂上公开讨论所面临的问题。

② 举办教工发展会议，探讨如何改善师生关系。

③ 举办家长会议，引导家长关注孩子的问题。

学习活动

非暴力解决冲突

① 什么是冲突

这是一项讨论冲突基本性质的活动。

【适用对象】中学

【适用场景】社会课 / 历史课 / 讨论历史或文学作品时

【目标】理解冲突。

【活动】

冲突是我们生活的一部分。虽然我们不喜欢冲突，但我们在生活中必须面对它。

步骤 1

找出冲突的同义词，如争吵、打架。

要求每个学生在一张纸上写下当听到"冲突"这个词时的直接感受、反应、记忆或想法。（预期答案如：愤怒、攻击、暴力行为、严厉的言辞等）

步骤 2

请他们写下冲突的定义，然后读给全班听。把最恰当的表述收集起来，从中选出一个最全面的定义，写在黑板上。例如：

- 冲突是指双方在某个有共同利益的问题上产生分歧的情形。

步骤 3

将学生分成五组。每组有五分钟时间选择一种冲突类型，并练习角色扮演。

每组向全班展示他们的角色扮演。每次表演之后进行讨论，以理解冲突的本质。

【讨论】

引导性问题如下：

- 关于冲突，你学到了什么？
- 冲突的基本类型是什么？
- 为什么人们会产生冲突？

在黑板上写下讨论摘要。

② 数方块

这项活动帮助学生理解，每个人看待问题的视角是不同的。

【适用对象】小学高年级和初中

【适用场景】社会课／通过谜题激发学生解决问题的兴趣时

【目标】理解人们看待问题的视角不同。

【活动】

步骤 1

在黑板上画出以下图形并提问：这里有多少方块？

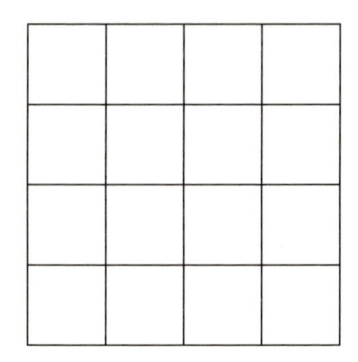

学生有五分钟时间独自数方块，然后把总数写在一张纸上。

步骤 2

请学生展示他们写下的数字。根据计数将学生分组，要求各组证明他们得出的数字是正确的。

【讨论】

引导性问题如下：

- 为什么大家的计数如此不同？
- 我们能够从中学到什么？（让学生做出以下回答）
  - 人们对同一件事的看法不同。
  - "我对了，你错了。"这种说法是一种误导。
  - 我们可以从狭义或广义角度来看待问题。譬如，从狭义角度看的人可能会说只有一个方块，而从广义角度看的人可能会数出许多方块。
  - 当我们从广义角度看待某件事时，就会发现问题新的方面或组成部分。
- 冲突产生于双方视角的不同。
- 通过讨论分歧，我们可以达成一致的立场。

③ 两头驴的故事

这是一项关于合作解决问题的活动。

【适用对象】 小学

【适用场景】 语言课 / 故事时间

【目标】 理解冲突各方可以通过相互讨论解决问题。

【活动】

讲述下面的故事。

在马厩里，两头驴被拴在一根短绳的两端。一个角落里有一堆鲜草，而对面角落里有一堆干草。一头驴只吃鲜草，而另一头驴只吃干草。

只吃鲜草的驴走向那堆鲜草。恰在此时，只吃干草的驴也想吃那堆干草。于是，两头可怜的驴开始了一场斗争。它们越努力，脖子上的绳子就勒得越紧。这场斗争两败俱伤。

教师提问：如何解决这两头驴之间的冲突？在黑板上记下学生的建议，直到找到可行答案。（教师解释最终解决方案）

这两头驴终于意识到，彼此争斗是毫无意义的。一头驴对另一头说："朋友，这样争下去，你和我都不会赢，我们的脖子只会被勒断。让我们合作吧。我想吃那堆鲜草，你就跟我来。等我吃完，我会跟着你去那堆干草，等待你吃完。"

可见，问题可以通过友好合作，而不是相互竞争，得以解决。这种解决方案叫作"双赢"，因为没有输家。

全班分成五组，请各组画出两头驴的故事。完成后，进行作品展示。

④ 一个橘子引发的冲突

这是一项旨在理解冲突中人们的需求的活动。

【适用对象】 中学

【适用场景】 社会课／讨论战争或冲突的原因时

【目标】 能够识别冲突中各方的需求。

【活动】

讲述以下案例。

西塔正准备去学校。她走到橘子树前，摘下了树上唯一成熟的橘子。她的哥哥卡马尔看见了，夺过橘子，说这是他的。他们开始争吵。

听到争吵后，父亲来到他们身边，试图解决冲突。他说："把橘子切成两半，一人吃一半。""不，我不想要一半。"两人都不同意，都想要整个橘子。而橘子已经过季，市场上买不到了。

讲述完案例后，请学生代表父亲提出解决方案。在讨论过程中解释以下几点：

- 人们冲突的根本原因是他们有强烈的需求。冲突是指两个或两个以上不同需求的互相竞争。
- 只有当人们自己的需求得到满足时，他们才会接受解决冲突的方案。

现在让我们看看西塔和卡马尔的冲突最终如何得以解决。

西塔说，如果没有得到完整的橘子，她就不去上学。他们俩都想要整个橘子。

最后，父亲问卡马尔："你为什么想要这个橘子？""我想喝一杯橘子汁，只有一半橘子做不成。"卡马尔回答。

然后父亲问了西塔同样的问题。她说："我们今天要上家庭科学课。上周我答应老师带一个橘子去做果酱。我们需要一些橘子皮来做果酱。"

听了他们的话，父亲将橘子剥皮，把橘子肉给了卡马尔，橘子皮给了西塔。他们对解决方案感到满意，结束了冲突。

【讨论】

引导性问题如下：

- 这是一个什么样的解决方案？（有输有赢，还是双赢？）
- 他们为什么会同意这个解决方案？

【评论】

由于问题来自双方，因此双方都有责任合作解决。你同意以下对待冲突的态度吗？

- 让他赢，我就会输。
- 如果我赢不了，他也休想赢。
- 无论如何，不能让他赢。
- 让我们一起讨论这个问题，找到合适的解决办法。
- 我们必须找到一个公平的解决办法。
- 我赢的唯一办法，就是打败对方。

5 谁的芒果树

这是一项关于双赢的解决方案的活动。

【适用对象】中学

【适用场景】社会课 / 讨论正义、公平、合作等主题时

【目标】1. 了解冲突解决方案的不同类型。

2. 重视双赢的解决方案。

【活动】

讲述以下案例。

在你家和邻居家之间的篱笆旁长着一棵芒果树，这个季节开始结出果实。一天邻居来告诉你，芒果树是他的。你告诉他那是你的。事实上，没有人知道是谁在篱笆旁种了这棵树。

讨论这一冲突的各种解决方案，可能包括：

- 第一种可能：你赢了，邻居输了
  在这个方案下，你会用武力保护这棵树，威胁他不要动，或者趁他不在的时候摘下果实。

- 第二种可能：你输了，邻居赢了
  在这个方案下，邻居以上面同样的方式拥有这棵树。

- 第三种可能：你输了，邻居也输了，即双输
  例如，你们俩当中一个人把树砍了。

- 第四种可能：你赢了，邻居也赢了，即双赢
  例如，你们俩可以平分芒果，或者可以一个人在这一季采摘果实，另一个人在下一季采摘果实。

讨论后，全班分为四组，进行角色扮演。每组选出两名参与者，以对话的形式演出以上任意一种方案。各自演练，然后进行展示。

⑥ 控制愤怒

这是一项学习如何控制愤怒情绪的活动。

【适用对象】中学

【适用场景】宗教（价值观）教育 / 调解课堂冲突时

【目标】了解控制愤怒情绪的必要性和方法。

【活动】

步骤 1

讲述以下案例。

库马尔在公交车站排长队等候上车。

公交迟迟未到，他变得有点不耐烦了。然后，他看到一个人从外面走过来，插队站在队伍前面。这是不公平的。库马尔走到他身边，要求他排在队伍的后面。那人说："不，不管怎样我都不会去。"库马尔忍不住了，一怒之下打了对方。

警察来了，把他们俩带到警察局。他们不得不在那里待了一上午。最后，他们互相道歉，才被放了出来。警察警告库马尔以后不得再袭击他人。

步骤 2 讨论

- 是什么原因让库马尔袭击了那个人？（请一名学生站出来，以库马尔的身份来解释他的想法）

- 你能讲述一个类似事件吗？比如人们在愤怒情绪的冲动下做出破坏性行为。

步骤 3

学生分组讨论如何控制愤怒，列出一份指导清单。随后逐一展示这些方法，并进行后续讨论。参见以下方法，如有遗漏请补充。

- 不要在愤怒中采取行动或做出决定。将行动推迟。
- 了解并接受自己在生气的事实。
- 如果你突然发怒，保持沉默，跟对方表达歉意，并向他道歉。
- 与人发生冲突时，永远不要在愤怒时回应对方的言行。
- 与其表现尖刻，不如笃定地告诉别人，例如："当你那样说话时，我感觉受到了伤害。"
- 如果事件发生后，你无法平息愤怒情绪，那么通过游泳、踢球或在花园里卖力干活等行为来释放它。

⑦ 如何应对发怒者

这项活动教育学生如何以自信的方式应对发怒者。

【适用对象】中学

【适用场景】课堂管理 / 调解课堂冲突时

【目标】探索应对发怒者的方法。

【活动】

步骤 1

提问学生：你见过一个愤怒的人如何大喊大叫并威胁其他人的吗？你经历过这种情况吗？当一个人对你大发雷霆时，正确的行为方式是什么？

在这种情况下，有些人会变得顺从、沉默和被动。有些人会斗志昂扬，他们会做出回应、辱骂、威胁，甚至发动攻击。然而，忍气吞声和咄咄逼人都无济于事，往往还会使事态升级或恶化。

步骤 2

学生分成小组，拟出一份正确应对发怒者的方法清单。

步骤 3

全班展示后，教师提出以下应对发怒者的有效方法。

应对发怒者指南

- 要自信坚定，避免顺从或咄咄逼人。
- 同情地倾听对方，表达你的理解。
- 不要做出过激反应。
- 用这样的话来表达你的理解，比如"我能理解你的愤怒……"
- 在同意对方的某些观点时，表现出接纳态度，例如："我同意你的这个观点。这一点你说得对……"
- 如果你错了，那就接受对方的观点，例如："是的。我接受。"
- 如果你是对的，就温和地告诉对方："看，我倾听了你的观点，现在你能听我说吗？"
- 试着让对方与你一起讨论来解决问题。

⑧ 权力之争

这是一项理解冲突中权力斗争本质的活动。

【适用对象】中学

【适用场景】社会课 / 探讨历史上的战争或冲突时

【目标】 1. 理解权力斗争会导致暴力。

2. 理解非暴力应对权力斗争的有效性。

【活动】

步骤 1

带学生到一个开放空间，分成两列，分别命名为 A 列和 B 列。请两列学生面对面地站着，抬起手臂与肩齐平，保持掌心相对，准备互相推对方。

给 A 列下指令："我数 1、2、3，数到 3 时，用你的手掌去推对方的手掌。"发出指令。

步骤 2

学生们围坐成一圈，进行讨论。

你邀请一个学生到中间来和你一起演示之前的动作，那个学生做出准备推动的姿势。你说："开始！"当学生推你的手掌时，让他扑向你，不要推回去。当他向前扑倒时，拥抱他。

【讨论】

请那些推回去的人站起来。再请那些没有推回去的人举起手。

提示学生：你只命令 A 列同学去推对方，而没要求 B 列同学推回去。那么为什么 B 列会推回去？

- 人们一般具有以暴制暴的倾向，就此展开讨论。例如：
  - 用辱骂来回应辱骂。
  - 用愤怒来回应愤怒。
  - 用攻击来回应攻击。
  - 用仇恨来回应仇恨。
- 让学生回想你刚才的举动。（你没有推回去，所以对方差点倒下；而你拥抱了他，这场斗争以友谊告终）
- "我的行为代表了什么？"让学生回答。（预期答案如下）
  - 不要用邪恶来反抗邪恶。
  - 以善回应恶。
  - 用同情心来回应仇恨。
  - 以非暴力的方式来应对暴力。

⑨ 建设性解决冲突

这是一项关于建设性地解决冲突的活动。

【适用对象】中学

【适用场景】课堂管理／介绍和平解决冲突的方式时

【理念】1. 冲突是生活的一部分。

2. 虽然冲突令人不愉快，但我们可以建设性地解决它，愉快地结束它。

【活动】

回忆一场冲突，并分享当时的体验。（预期答案如下）

- 震惊

- 愤怒
- 痛苦
- 沮丧
- 不安

步骤 1

我们必须在早期阶段识别冲突。冲突在初始阶段容易解决。冲突需要认真对待，避免出现破坏性的后果。

- 让我们头脑风暴一下，人们在冲突中是如何表现出破坏性的。（预期答案如下）
  - 指责对方
  - 威胁
  - 挑衅
  - 毁坏财物
  - 冲动行为
- 此类冲突会导致什么结果？（预期答案如下）
  - 把对方变成敌人
  - 冲突升级
  - 怨恨
- 当人们建设性地解决冲突时，冲突会产生什么结果？（预期答案如下）
  - 互相满足
  - 重新建立关系
  - 提升自信

- 自我发展
- 学习成长

步骤 2

全班分成若干小组，讨论找出破坏性和建设性处理冲突的特点，并完成下表。

破坏性方法	建设性方法
1. 情绪行为	1. 成熟行为
2. 愤怒	2. 耐心
3. 攻击性	3. 坚定
_____	_____

步骤 3

讨论、赞赏并详细阐述学生表中的优秀观点。可使用以下指南来丰富讨论的内容。

破坏性方法	建设性方法
1. 情绪行为	1. 成熟的行为 / 情绪控制
2. 愤怒	2. 耐心
3. 攻击性	3. 坚定
4. 短见	4. 远见
5. 使人愚钝	5. 对事不对人
6. 威胁	6. 主动商讨
7. 拒绝倾听	7. 积极倾听
8. 要求固定的解决方案	8. 寻求可替代的解决方案
9. 以自我为中心	9. 以问题为中心
10. 封闭的 / 不可协商的	10. 开放的 / 可协商的

⑩ 调解

这是一项关于了解如何进行调解的活动。

【适用对象】中学

【适用场景】课堂管理 / 认识调解

【目标】1. 学习调解。

2. 发展在调解方面的基本技能。

【活动】

介绍以下理念：

- 当双方发生冲突，发现自己难以解决时，第三方可以介入其中，帮助解决争端。这个过程就称为调解。
- 调解是指介入正在相互冲突的两方，帮助其解决问题。
- 调解人应是双方都能接受的公正的人。
- 当你的朋友发生冲突需要有人介入时，你可以成为一名调解人。

调解的四个步骤具体如下：

① **作为调解人介绍你自己**

询问双方是否愿意由你来帮助他们达成和解。带他们去一个安静的地方。

② **倾听双方的意见**

让甲方解释发生了什么。乙方倾听，不得打断。然后，请乙方解释发生了什么。甲方倾听，不得打断。询问双方更多的问题，把事情弄清楚，让冲突双方和你都明白。

③ **让双方就问题进行讨论，并提出解决方案**

请他们讨论解决问题的方式，并提出解决方案。鼓励他们探讨妥善的解决方案。

④ **帮助双方选择最合适的解决方案，解决冲突**

双方必须提出各自建议，直到找到双方最愿意接受的方案为止。一旦找到合适的解决方案，帮助他们计划实施商定的解决方案。明确他们如何能在和解后不重新陷入冲突，以及他们为此应该做什么、不应该做什么。最后，祝贺双方合作进行调解。

为学生讲述以下案例。

普雷姆和贾纳克在同一个班上学习。普雷姆抱怨说贾纳克给他取外号，这真的让他很受伤。普雷姆已经多次要求贾纳克停止给自己起外号，但他根本不在乎。这促使普雷姆给贾纳克取外号进行报复。结果，他们发生了激烈争吵，最终甚至动手打架。彼此一直互相怨恨。

邀请三名学生到前面，扮演三个角色：普雷姆、贾纳克和调解人。调解人需指导另两位扮演者完成上述的四个调解步骤。

【讨论】

引导性问题如下：

- 什么是调解？用自己的话来解释。
- 为什么调解人应该是公正的呢？
- 调解人在帮助解决冲突时可能面临的困难是什么？
- 调解冲突所需的技能是什么？
- "调解人只是一个助手，他不强迫冲突各方接受自己的解决方案。冲突双方应该提出自己的解决办法。"请谈谈对这句话的看法。

教师自我评估表

时间：从_____到_____　　核心价值观：**非暴力解决冲突**

需要强化的行为	融入路径									对学生积极变化的影响		
	语言	社会	体育	艺术	科学	其他学科	课外活动	课堂管理	教学方式	学科视角	非常有效	有效	没有效果
1. 分析冲突并理解需求和恐惧的能力	F	F	F	F	F	F							
	F	F	F	F	F	F							
2. 提出建设性解决方案	F	F	F	F	F	F							
	F	F	F	F	F	F							
3. 谈判技巧	F	F	F	F	F	F							
	F	F	F	F	F	F							
4. 调解能力	F	F	F	F	F	F							
	F	F	F	F	F	F							
5. 愤怒控制	F	F	F	F	F	F							
	F	F	F	F	F	F							
总频率													

√ = 讨论
X = 活动中讨论
F = 次（频率）

评价：_____

职业发展的建议：_____

完善指南的建议：_____

指导教师：_____

18 建设社区和平

如果我们都愿意，我们可以创造新世界。

如果我们都努力，我们可以创造新世界。

我们所做的就是让它展现出来，

旧世界必将消亡。

我们可以创造、并一定会创造新世界。

——P. J. 霍夫曼（P. J. Hoffman）

教学目标

- 研究和讨论当代社会问题
- 承担公民责任
- 展现健康的爱国主义
- 参与社区发展活动
- 采用民主原则

核心价值观

- 关注社区建设
- 公民责任
- 公民意识

教学内容

- 概念理解
- 社会接触项目
- 社区建设
- 公民态度建设
- 预期成果
- 和平文化建设提议

学习活动

- 艺术课示范性活动
- 社会课示范性活动
- 语言课示范性活动

概念理解

本主题旨在培养儿童的知识、态度和技能，使其成为正能量、负责任的公民。教育有责任为国家和世界培养好公民。学校平时注重考试成绩、忙于日常教学工作，而很容易忘记这一义务。学校真的关心培养学生的公民意识吗？年轻人的种种行为是否让我们更为此担忧？常有人说，现在的年轻人对自己国家的问题漠不关心。这反映在他们的价值体系上，就是看待社会问题的观点普遍不成熟。有些国家的年轻人缺乏公民意识，恐怖主义疯狂滋长。学校在培育学生的公民态度方面任重而道远。为此，学校应树立榜样，关注当代社会问题，而不是因循守旧，长期远离社会现实。然而，学校把过去当作历史来教导学生，却对现在视而不见。

社会接触项目

我们必须重新思考学校如何为国家和世界培养公民。显然，偶尔提及和讨论社会问题，不足以培养强烈的公民意识。一个有效方法是在学校开展社会接触项目，其中包括以下六个步骤。

图 18-1　社区和平建设项目模型

❶ 让学生接触社会现实

让学生接触社会现实，意味着让他们看到校园围墙外发生了什么，人们如何生活、面临着什么问题，以及我们可以为他们做些什么。除了参观，我们还可以在课堂、学校集会和研讨会上讨论当前问题。一般来说，小学生不会接触到消极、负面的环境，但他们将受益于社会展现出来的美好事物，这些美好事物能够带来希望。对他们而言，负面现实可以间接呈现。如果仔细研读童话故事，可以看到这实际上是好与坏、善与恶的斗争。听过这些故事的孩子们可能不会马上领会其意，但随其成长，他们将逐渐参悟其要。许多儿童故事采用象征性语言讲述社会现实。从中学开始，学生会慢慢接触到社会现实，如贫困、吸毒、污染、饮用水短缺和健康问题。

接触社会将拓宽学生视野，培养其正确态度。接触社会不一定总是消极的。学生也可以参观社区发展项目的成功案例，如重要的历史遗迹、矿山、港口、保存完好的自然公园、博物馆和教育机构。法院、戒毒中心、天文台和监狱等机构也可以为学生提供见识。学生由此形成的认知需要通过课堂活动检验、深化。

一名斯里兰卡的教师汇报说：

> 学校举办了一次级长和平教育讲习班。几天后，这些级长们召开会议，计划一年一度的级长日，决定不像过去那样大张旗鼓举行庆典，而是前往受到战争威胁的贫困地区，向学校孩子们捐赠生活必需品。他们从社区收集了大量物品，在其他学生的支持下，与相关工作人员一同前往。他们在那里进行了一场文化教育演出，孩子们看后感动不已。在回来的路上，我问一名学生感受如何。他说："看到他们生活窘困，我很受触动。我决心用我的一生来为身边的穷人谋福利。"

❷ **选择社区问题**

在教师的引导下，学生根据自己的能力水平选择一个问题进行思考，寻找解决方案。例如：

- 环境破坏或环境污染
- 危害健康的行为，如吸烟
- 文盲
- 贫困

- 当前儿童权利 / 人权 / 侵权问题
- 社区缺乏特定的公民态度
- 破坏公共财产
- 浪费水资源

③ 研究问题

在此阶段，通过阅读、采访、案例研究和咨询，收集相关信息。事实上，这些研究很容易融入学科课程，具体范例参见本章最后。

④ 制订行动方案

这一阶段是帮助学生学会如何解决问题。学生主动研究、自主探讨、找到解决方案。研究和讨论可安排在课外活动中进行，具体参见本章学习活动示例。分析问题的形式多样，如学术探讨，借用图表、照片、图纸、地图辅以说明，形成书面报告等。最终决定行动方案，制订计划并组织实施。

⑤ 采取行动

针对社会问题，孩子们可以采取的行动有：提高公众意识、写信给相关部门、倡导民众参加义务劳动。提高公众意识的活动有：展览、游行、街头戏剧、张贴海报和横幅、佩戴象征性徽章。

案例：孩子们拯救绿树行动

在斯里兰卡的一个村庄，省议会决定砍掉公路旁的老树。这些绿树为行人遮阳挡雨，美化环境。一听到消息，附近学校的一群孩子组织了一次抗议集会。他们召集人群，在每一棵树上挂一条白布，上面写着："请不要砍我。我为你送去阴凉。"由此引发公众舆论。最终，省议会放弃决定。

❻ 评估

所有活动都需要学生在教师的参与下进行反思。在反思讨论中，学生根据优缺点评估所获经验。需指出的是，社区和平建设不仅仅包括这样的公共活动。活动可在课内课外进行，其性质因学生年龄而异。

社区建设

社区一词被定义为"聚居在一定地域范围内如地区、区域、国家的人们所组成的社会生活共同体"（*Oxford Advanced Learner's Dictionary*）。一个社区的人因许多共同因素而聚合，相互影响。社区建设是一个需要社会或国家持续推进的过程，内涵丰富，包括社会重组、教育改革、文化觉醒、冲突和解、道德强化以及价值构建等。一旦社区开始分裂、迷失方向，建设运动随即停滞。尤其在战争或灾难之后，社区分崩离析，需要百倍的努力才能恢复正常。

公民态度建设

作为一名公民，应当了解自身作为社区或国家成员的角色，并承担责任。个体需要培养与其社会角色相适应的态度。态度决定行为。

教育对社会负责，培养好公民。"公民"一词多用于政治领域，尤其是全球语境中的政治。因此，一名好公民会"放眼全球，在本地行动"。公民意识不必狭隘地理解为对直接政治力量的盲从。

在促进公民意识方面，学校需要根据当地和全球需求，建构一个清晰的模式。因此，必须将教育计划纳入课程之中。和平教育致力于培养未来公民的和平态度。无论何时何地，良好的公民意识均建立在以下态度之上。

❶ 爱国主义

爱国主义是公民意识和民主之根本。个体出于对社会和国家的热爱，自愿履行职责。这是一种对国家的依恋之情，超越了执政政府的当前利益。因此，人们愿意携手合作，配合国家，谋取进步。

❷ 生产力

生产力是指公民对社会发展的贡献程度。良好公民不想成为人民的负担，他/她的想法是"我能为国家做什么？"而不是"我能从这个国家得到什么？"

❸ 公民责任

公民责任是指个人在日常生活中以及从长远角度认识到自己对社会的职责，例如，了解当前政治和其他问题、维护社区和平、保护公共财产、参与社区建设等。

❹ 对当代社会、国家和全球问题感兴趣

公民有兴趣了解影响社会各个层面的问题。如今在全球范围内，出现一种个人主义倾向，最显著的表现为自私自利，导致人们对社会问题和个人义务袖手旁观或漠然置之。对此，年长者经常批评年轻人对社会问题越来越冷漠。

❺ 积极参与社区建设

公民有义务尽其所能积极参与社区建设。《儿童权利公约》强调必须认可儿童有权平等获得个人发展，享有参与文化活动、接受教育的机会，通过寻求信息、表达观点和意见，参与社区生活和社区建设。积极参加社区建设和环境保护，是培养儿童负责任公民的态度和兴趣的最佳途径。

❻ 文化素养

好公民具备一定的文化素养，接受本地文化及全球文化的约束。从教

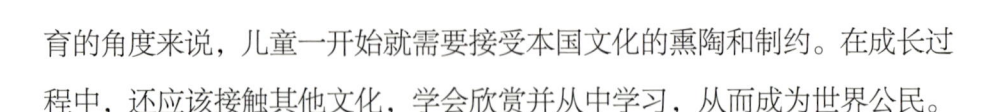

育的角度来说，儿童一开始就需要接受本国文化的熏陶和制约。在成长过程中，还应该接触其他文化，学会欣赏并从中学习，从而成为世界公民。

❼ 遵纪守法

公民必须遵守本国法律，即既定的法典。正义是正当法律之源泉。然而，如果法律有违正义时，公民则可修正法律。纵观历史，此事常有发生。学校需要培养学生的法律意识。然而令人诧异的是，大多数学校的教学大纲忽视了社会正义和民法的教育。

❽ 民族凝聚力

生活在多元化社会的公民通过尊重、被给予应有的认可和权利来维护民族统一，尽管彼此存在种族、语言、宗教和阶级的差异。社会多样性必须被视为丰富社会和文化的契机。今天，许多国家日趋多元化，教育是促进民族和谐的有效手段。为满足此类需求，教师必须有能力应对学校种族和文化的多样性，课程设置也必须考虑这一多样性。

❾ 简单生活

人们从未像现在这般，如此渴望简单生活。所有商家不遗余力，制造各种诱惑，广告铺天盖地，产品目不暇接，让很多消费者欲罢不能，只能不断消费。于是，消费主义不断滋长，浪费大把自然资源生产非必要商品，只为满足人们的贪欲。商品的生产过程造成环境污染，使用后的垃圾堆积如山。因此，简单淳朴的生活，无论对个人还是对社会，都是有益的。物质简单而精神丰盈，便是其真义。

❿ 民主

不同的国家对此有不同的解释。民主的基本特征是言论自由、公众通过代表参与治理、容忍差异和尊重人权。此外，可以通过公众信任度、自愿守法、政党活动、志愿组织、社会运动和政治讨论来评估民主。在一个国家，民主产生于人们如何生活、如何管理社会机构的过程。例如，学生可以通过家庭、学校和课堂的管理方式来学习民主。

预期成果

- 有兴趣研究和讨论地方、国家和全球当前问题
- 建立公民责任感
- 参与社区福利及发展活动
- 爱国主义精神
- 践行民主行为

和平文化建设提议

① 树立学校有责任为社区谋福利、求发展的信念。

② 提供讨论机会，培养对本地和全球当前问题的兴趣。

③ 计划并实施社区建设项目，让每个学生都有机会参与。

学习活动

建设社区和平

以下为可通过科目教学开展社区建设的示范性活动。

① 艺术课示范性活动

【适用对象】小学

【活动】

- 设计一面和平旗帜。
- 根据给定的和平概念，各小组绘制一张海报。
- 组织关于和平的班级/学校展览。
- 画出你想象中的和平家园。
- 就当前和平问题，绘制一组公益海报，在学校展示。
- 为所居住的社区制作（地图）模型。（可用沙子、泥土、纸板做模型或用彩色铅笔/蜡笔在一张大纸上绘制）

若针对中学学生，则可以进行"画出一条和平格言"的活动。

② 社会课示范性活动

【适用对象】中学

【活动】

- 分组讨论公民在社区当前问题上所担负的责任，列出清单并在学校展示。
- 就当代社会/全球问题组织课堂讨论或校园讨论。
- 对附近社区问题进行调查，例如，老年人如何在社区中得到照顾和关爱。
- 选择与社区建设有关的社会问题，通过访谈进行社区态度或意见调查，并在校园研讨会上展示。
- 组织公众游行，促使社区认识到必须采取行动解决重要问题，如戒烟、尊重儿童权利。
- 制作图表，统计调查社区面临的重要问题，如犯罪现象、人口增长、就业问题等。在课堂上用图表展示调研结果。

③ 语言课示范性活动

【活动】

- 收集正面新闻报道，剪下来贴在教室黑板上展示。
- 模拟与社区和平建设相关的场景。例如：由于村民的疏忽，从村子旁流过的小溪污染越来越严重，直接影响到全村人的饮用水安全。村民们开会讨论这个问题。
- 收集以和平为主题的诗歌和歌曲。
- 撰写和平诗歌或歌曲，在课堂上进行赏析。
- 学生分组就某个社会问题展开自由讨论。要求各组找到解决方案，并写下来进行课堂展示。
- 给相关部门写一封信，提醒注意新出现的社区问题。
- 就有争议的社会问题，组织辩论。
- 写一篇短篇小说，描述一个被社会势力迫害的人物的感受。

教师自我评估表

时间：从_____到_____　　核心价值观：**建设社区和平**

需要强化的行为	融入路径										对学生积极变化的影响		
	语言	社会	体育	艺术	科学	其他学科	课外活动	课堂管理	教学方式	学科视角	非常有效	有效	没有效果
1. 研究当代社会问题	F	F	F	F	F	F							
	F	F	F	F	F	F							
2. 公民责任	F	F	F	F	F	F							
	F	F	F	F	F	F							
3. 参与社区发展	F	F	F	F	F	F							
	F	F	F	F	F	F							
4. 民主行为	F	F	F	F	F	F							
	F	F	F	F	F	F							
总频率													

√ = 讨论
X = 活动中讨论
F = 次（频率）

评价：_____

职业发展的建议：_____

完善指南的建议：_____

指导教师：_____

19 珍爱地球

地球不属于我们；我们属于地球。

——印第安酋长西雅图 (Chief Seattle)

教学目标

- 培养对地球和自然的热爱之情
- 阐述当代环境危机的类型
- 描述我们如何为保护环境做出贡献
- 停止污染和破坏自然的行为
- 重视自然资源的回收、修复和再利用
- 参与环境保护活动
- 追求简单生活
- 培养研究地球的兴趣
- 与自然和平共处
- 与自然建立精神联系

核心价值观

- 与自然和谐共处
- 保护自然

- 欣赏和赞美大自然
- 倡导自然资源的回收、修复和再利用

教学内容

- 概念理解
- 珍爱地球
- 总结性思考
- 预期成果
- 课堂实践
- 和平文化建设提议

学习活动

1. 节约用水
2. 纸的故事
3. 柏拉图在商店
4. 一棵树的致辞
5. 树木和动物
6. 静观
7. 汲取生命能量
8. 再现自然
9. 为我们织一件衣服
10. 与自然和谐共处

概念理解

本主题旨在培养儿童对自然的"接触"。事实上,儿童对大自然非常敏感。但由于我们在现代人为环境中逐渐长大,这种"接触"从我们的生活中消失了。与自然和平共处是幸福的、治愈的和充实的,创造了人与自然之间一种深刻的精神交流,带来满足感与平和感。现代社会日益加剧的不安与躁动,源于与自然失去联系。

在与自然接触时,我们形成所谓的星球意识。孩子们需要它来了解生态系统的运作过程。幸运的是,许多课程设计者已经发现了这一需求。在中小学,科学、地理和社会等学科提供了丰富的有关地球的知识。和平教育把情感学习引入课堂,有助于学生将这些知识内化于心。

没有温度的科学教育

有一次,一位科学课教师给笔者讲述了一个关于他自己上科学课的故事。

"那时我读八年级,科学老师给我们讲解太阳系。我听后,既感动又震撼。当老师下课准备离开时,我走近他,谈起了自己的感受。老师停下来,讽刺地看着我说:'像你这么感情用事,是学不会科学的。'然后就走了,留下一脸尴尬的我。然而,我觉得他错了,即使当时我还是孩子。后来我在这方面的学业获得成功,秘诀在于我对大自然始终抱以好奇之心和敬畏之情。今天作为一名科学教师,我职业生涯的成功依然是因为对科学一直保持着好奇心,同时,也归功于学生们对自然的敬畏和崇拜之情。据我观察,我的学生把每一堂课不仅当作一种智力体验,而且也作为一次自我发现的精神之旅和个人经历。"

地球母亲的未来与人类的存在息息相关。人类在地球上生活已超过 600 万年，在各个地方建立起许多文明。令人惊叹的是，古代文明从未对地球环境构成威胁。而在现代文明短短的不到两百年里——从工业革命至今，地球却遭遇到前所未有的破坏、污染和毁灭。如果我们再一味纵容这种行为，地球的未来岌岌可危。

珍爱地球

儿童需要了解破坏地球的后果，因为他们是未来的公民。事实上，儿童可以成为拯救地球的战士。地球目前面临的问题如下：

- 全球变暖
- 臭氧层被破坏
- 不断加剧的贫困
- 人口增长
- 饥荒和飓风
- 森林退化
- 水土流失
- 物种灭绝
- 饮用水短缺
- 土壤中的化学污染
- 有毒废物
- 过度捕捞
- 空气污染

人们接受并理解停止所有这些破坏行为的必要性，然而，说到行动，却无动于衷。因此，破坏仍在年复一年地继续。

在教育方面，应该提供采取行动的机会，提高儿童保护环境的意识。同时辅以行动为导向的项目，强化其态度。学校必须组织环保项目作为课外活动。在此须铭记，儿童能够以自己的方式改变世界。

> **孩子知道怎么办**
>
> 科伦坡一所公立学校的教师曾报告说："我做过一个关爱地球的课堂活动。几天后，我听说有学生改变了一个坏习惯。从他家到父母上班的途中有一处保存完好的鸟类保护区。很多人把家里的垃圾装进袋子里，中途停车扔到保护区。上完那次课的第二天早上，这位学生就制止了父母的这种错误行为。"

总结性思考

人类的恣意妄为、破坏恶行，致使地球的生态系统正濒临崩溃。我们与地球是命运共同体，地球是我们的家园，虐待地球就是虐待我们自己。因此，有必要加强儿童对地球和自然的感情，让他们在日常生活中关注生活环境。孩子们有能力以自己的方式帮助大自然。为了让孩子们参与到保护地球的行动中，首先必须让他们了解生态系统的运作过程，识别种种危机。

预期成果

① **关注环境**
- 对研究环境问题感兴趣
- 防止污染和破坏自然

② **热爱自然**
- 与大自然和谐共处
- 欣赏大自然之美

③ **保护自然资源**
- 重视自然资源的回收、修复和再利用
- 参与环境清洁活动

④ **追求简单生活**
- 使用环保材料
- 寻求内心平静和满足

课堂实践
- 在课堂上关注环境问题。
- 在墙报上开辟保护环境的专栏。
- 用自然和动物的图片美化教室墙壁。
- 至少每学期一次,带学生去自然景点短途旅行。
- 鼓励学生开展绿色项目。
- 鼓励学生利用自然风景照片和相关信息制作一本书,名为《我们爱地球》。
- 在艺术课上,让学生画出大自然景象,如飞禽走兽、花草树木。
- 收集有关自然的语录、歌曲和诗歌,装饰教室。

- 介绍关于热爱自然的爱好，如制作花叶标本。
- 培养习惯，倡导废物利用、修复和回收。

> 地球好似大花园，美轮美奂胜天堂。
> 人类代代薪火传，万物自由齐生长。
> 保护地球如爱母，生存环境众心帮。
> 宇宙浩瀚唯此家，魂系蓝星任徜徉。
>
> ——改编自洛林·贝叶斯和丹尼斯·韦斯特法尔
> （Lorraine Bayes and Denis Westphall）的歌词

和平文化建设提议

① 在学校里成立一个绿色俱乐部。

② 通过讲座、研讨会、视频节目及有关环境问题的展览等组织"绿色日"活动。

③ 举办社区植树活动。

④ 设计学校花园，体现环保理念。

⑤ 如果学校有足够空间，开辟一个植物示范园。

⑥ 开辟一个芳草园，认识当地珍稀植物。

⑦ 如果经费允许，开设一个回收项目（如堆肥产品、实验室废纸回收）。

⑧ 保持校园清洁。

学习活动

珍爱地球

① 节约用水

这是一项有助于学习节约用水的公民责任的活动。

【适用对象】小学高年级

【适用场景】基础科学课 / 学习"水"这一单元时

【目标】1. 珍惜水资源。

2. 发现节约用水的方法。

【活动】

① 集思广益，讨论水的多种用途，写在黑板上。

② 学生分成小组讨论：为什么我们应该节约用水？

③ 各组向全班展示成果，进行简短的讨论。

④ 向学生提问：节约用水的方法有哪些？各组分别选取以下话题进行讨论，为特定地点的节水方法制定指南。

（1）在家里	（3）在农场
（2）在学校	（4）在社区

⑤ 每组向全班展示指南，进行简短的讨论。

⑥ 最后，每个学生口头完成以下作业：

- 通过节约用水，我帮助了_____
- 我在家里节约用水的方法是_____

② 纸的故事

这是一项了解人类如何导致自然资源枯竭的活动。

【适用对象】初中

【适用场景】写作课 / 练习写主题文章时

【目标】爱护树木，保护森林。

【活动】

① 请每个学生走出教室，带一张小纸片回来。

② 教师解释森林和树木的价值。请学生说出所知树木的名称。教师告诉学生，纸张是由木材制成的，需要砍伐森林。

③ 因为纸张消耗巨大，每年有数百万棵树被砍伐。学生面对这张纸，静静思考，想象这张纸的故事，将其写成自传式叙述。

④ 传阅、赏析所写的文章。

⑤ 提问：我们使用的其他哪些东西也会导致自然资源枯竭？

⑥ 提问：我们怎样才能最大限度地减少对森林的破坏？

③ 柏拉图在商店

这项活动有助于理解"想要"和"需要"之间的区别。

【适用对象】高中

【适用场景】社会课 / 组织讨论时

【目标】理解欲望和需求之间的差异。

【活动】

向全班讲述以下故事。

一天，古希腊伟大的哲学家柏拉图走在大街上，他的一个学生在这条街上开了一家商铺。见老师路过，学生追上去行礼，邀请老师去店里看看。柏拉图走进店里，学生很高兴，对老师说："老师，您可以拿走任何想要的东西。"柏拉图环顾四周，商品琳琅满目，但他说："我没有看到我需要的东西。"

讨论这个故事的意义。柏拉图为什么这么说？得到学生的回答后，引导其探讨"想要"和"需要"的区别。使用下面的指南进行讨论。

"想要"和"需要"的区别

- "想要"是指你一厢情愿地渴望拥有某个东西。人类的欲望永无止境。

- "需要"是指没有它，你将无法生存。例如，为了生存，我们需要空气、食物、水、衣服、住所和药品。然后是职业需求，例如作家需要一支笔、木匠需要刨子和锯子。幸运的是，我们的真正需求很少。

- 当想买东西时，我们可以自问："我想要这个吗？还是我需要这个？"

- 购买我们实际上并不需要的东西，不仅浪费金钱，而且浪费自然资源，买回的东西最后都会成为垃圾。

- 简单生活意味着断舍离，减少物质欲望，但内在丰富充盈，如快乐、满足、美丽和智慧。

> 我们常把"需要"与"想要"混为一谈,例如:当一个人需要喝水解渴时,他会买喜欢的某个牌子的饮料。当一位女士需要布料时,她会买一件别致的连衣裙。(在课堂上列举更多例子)

【小组作业】

给出10条建议,如何做一个理性的买家。请学生分组讨论,在纸上画出说明,进行课堂展示。说明需简短扼要,并通过后续讨论来扩展他们的结论。

④ 一棵树的致辞

这是一项讨论树木用途的活动。

【适用对象】小学高年级

【适用场景】环境研究 / 基础科学课 / 讨论树木用途时

【目标】了解树木在生态系统中的作用。

【活动】

简要讨论树木和植物的用途。全班分为五组,每组选择以下一个主题。

- 我们用木头做成家具。
- 各种果树给我们带来了丰富的果实。
- 我们用水果、树叶和坚果制作各种饮料。
- 各种各样的谷物。

请他们在主题下面列出树木或植物的名字,向全班展示。

【讨论】

通过讨论阐明以下几点：

- 树木能保持上层土壤湿润，防止水分蒸发。当树木被砍伐时，土壤变得干燥。
- 树木根系能保持土壤紧密，砍伐树木会导致塌方、滑坡。
- 树木白天吸收二氧化碳，呼出氧气。
- 树木为昆虫、鸟类和其他生物提供便利。

讨论完树木的用途后，以"一棵树的致辞"为主题写一篇（首）文章/诗歌/歌曲。完成后，朗读作品并进行赏析。

⑤ 树木和动物

这是一项关于观察自然的活动。

【适用对象】小学低年级

【适用场景】环境研究/培养观察技能/对植物生命展开讨论时

【目标】理解植物和动物生命是如何联系在一起的。

【活动】

带学生游览校园，简要讨论树木的用途。全班分为四人一组，请每组各选择一棵校园里的树。让学生静静地观察这棵树，识别生活在树上的各种昆虫，同时寻找树上的鸟儿。时间结束后，让学生聚集树下，分享各自的观察和感受。

6 静观

这项活动有助于培养对自然的热爱。

【适用对象】 小学高年级 / 中学

【适用场景】 宗教（价值观）教育 / 环境研究 / 讨论环境对我们生活的影响时

【目标】 体验与自然的和平。

【活动】

将学生带到安静、舒适的自然环境中。

教师引导："现在，你们每个人自由行动，独自感受这美丽的自然环境。默默体验五分钟，抛开一切杂念，让心安静下来。"

等学生安静下来后，教师继续说："看看周围。选择一个自然对象，大树、植物、天空、大地或云朵。安静而专注地看着它，带着你内心的深情和友好去欣赏它。沐浴着阳光，呼吸着清新空气，在鸟儿的啾啾声中，倾听你的内心，感受四周的静默。"（10分钟）

【讨论】

全班坐在树下，分享活动中的体会。引导性问题如下：

- 你喜欢与大自然独处吗？
- 你有什么体会？
- 在欣赏自然景物时，你有什么感悟或想法？
- 你打算如何利用这次学习来丰富你的日常生活？
- 你如何表达对大自然的热爱？用一个陈述句来表达这种热爱。

⑦ 汲取生命能量

这是一项焕发活力的活动，能在体内创造一种精力充沛的健康感觉。

【适用对象】中学

【适用场景】体育课 / 健康科学课 / 想让学生感到精力充沛时

【目标】1. 利用自我暗示让人感到健康、积极。

2. 培养学生的幸福感。

【活动】

带学生去操场或干净的地方。让他们彼此分开，保持一定距离。教师做以下引导：

- 生命就是能量。为了生存，我们需要高能量。我们通过食物、空气和阳光，从大自然中获取能量。

- 现在深深吸一口气。当吸气时，在心里对自己说："我正在吸收空气中的生命能量。"当空气在肺里停留时，心里想着："肺里空气的能量现在扩散到我身体的各个部分，让我全身充满活力。"

- 接着慢慢呼气，心里想："我体内所有的毒素和有害物质都随着这口气排出了。我的身体得到了净化。"

- 反复练习五分钟。最后闭上眼睛，对自己说："我感到精力充沛，我现在感觉神采奕奕。"

（源自瑜伽"调息"练习）

【讨论】

引导性问题如下：

- 询问学生是如何做练习的。（了解他们是否理解正确）

- 做呼吸练习后，你感觉有什么不同？
- 你可以每天早晚都做这个练习吗？

⑧ 再现自然

这项活动是通过跳舞和演哑剧来欣赏大自然的奇观。

【适用对象】小学

【适用场景】舞蹈课／体育课／学生进行舞蹈或哑剧表演训练时

【目标】1. 模仿大自然的活动。

2. 提高审美鉴赏力。

【活动】

① 展示花朵是如何绽放的。双拳相对，手指像花瓣一样展开，以舞蹈的形式有节奏地一起做。

② 展示树木如何在微风中婆娑起舞。手臂伸展，有节奏地摇摆身体。

③ 展示星星如何从东方地平线缓缓升起。用手指模仿它们在黑夜中闪烁。

④ 展示一丝棉花如何在空中飘浮。轻轻晃动身体。

⑤ 用有节奏的肢体动作表演哑剧，分组表达下列句子的情景：
- 太阳从地平线升起，鸟儿在空中歌唱，鲜花在阳光下开放。
- 天空中逐渐形成朵朵云彩，云舒云卷，自由飘荡。
- 风吹过树林，越吹越大，越吹越急。

（注：如果能提供音乐伴奏，学生们会更喜欢这个活动。）

【讨论】

- 你喜欢这个活动吗？
- 你还能表演大自然中的哪些活动？

⑨ 为我们织一件衣服

这是一项赏析美洲印第安人祈祷歌的活动。

【适用对象】高中

【适用场景】文学课 / 进行诗歌赏析时

【理念】感谢大自然。

【目标】培养对自然的深情和感恩态度。

【活动】

写下这首美洲印第安人的祈祷歌。在欧洲人到来之前，印第安人是美洲土著。他们对自然有着真挚的热爱，这是他们文化的传统价值观。

- 啊，我们的地球母亲，

  啊，我们的天空父亲。

  我们是你们的孩子，

  为您送上一片爱心。

  为我们织一件灿烂的衣裳吧，

  愿经线成为清晨的白光，

  愿纬线成为夜晚的红光，

  愿流苏成为落雨，

  愿衣襟成为跨越的彩虹。

为我们织一件明亮的外衣吧，

让我们在鸟儿歌唱的地方快乐行走，

让我们在青草葱茏的地方幸福行走。

啊，我们的地球母亲，

啊，我们的天空父亲。

大声朗读这首歌，并唱出这首歌。欣赏这首歌，努力理解其中含义。

【讨论】

引导性问题如下：

- 为什么人们称地球为母亲？
- 当美洲印第安人说地球和天空是他们的母亲和父亲时，他们真正的意思是什么？
- 他们祈祷大自然给他们什么样的衣服？
- 这件衣服是由什么做的？

【作业】

小组合作，写一首类似的歌颂大自然的诗。

⑩ 与自然和谐共处

这项活动有助于学生理解和亲近自然。

【适用对象】 中学

【理念】 与自然和谐共处。

【目标】 能够欣赏自然的和平。

【活动】

① 把学生带到一个舒适的自然环境。让学生安静地坐五分钟，平静下来。

② 读下面的颂歌。这首歌改编自凯尔特人的祝福词，请学生聚精会神地听。

- 波涛无声涌动，带给你深深的宁静。

  空气默默流转，带给你深深的宁静。

  大地悄然延伸，带给你深深的宁静。

  星辰静静闪烁，带给你深深的宁静。

  宇宙静默不语，深深的和平献给你！

③ 与全班一起反复诵读这首诗，让学生用心体会、静心想象、全心感受诗中的和平。

【讨论与赏析】

- 你感受到涌动的波涛的宁静了吗？
- 你是否感受到了流转的空气/悄然的大地/闪烁的星辰/深邃的宇宙的宁静？
- 大自然中还有哪些地方有着深深的宁静？例如：
  - 在深深的海底
  - 在一个孤独的星球上
  - 在两颗恒星之间
  - 在一棵老榕树下

第三部分 | 和平教育模型与学习评估

教师自我评估表

时间：从_____ 到_____　　核心价值观：**珍爱地球**

需要强化的行为	融入路径										对学生积极变化的影响		
	语言	社会	体育	艺术	科学	其他学科	课外活动	课堂管理	教学方式	学科视角	非常有效	有效	没有效果
1. 关注环境	F	F	F	F	F	F							
	F	F	F	F	F	F							
2. 热爱自然	F	F	F	F	F	F							
	F	F	F	F	F	F							
3. 保护自然资源	F	F	F	F	F	F							
	F	F	F	F	F	F							
4. 追求简单生活	F	F	F	F	F	F							
	F	F	F	F	F	F							
总频率													

√ = 讨论
X = 活动中讨论
F = 次（频率）

评价：_____

职业发展的建议：_____
完善指南的建议：_____
指导教师：_____

20 和平学习评估

我们是否达成预期目标？

如何判断我们已经达成预期目标？

下一步，我们应该走向何方？

教师必须清晰地认识到他们努力的价值。根据课程计划，学生掌握到何种程度？课程目标是否都已实现？如果是，那么分别达到何种程度？已达到的和预期目标之间是否存在差距？如果存在，是哪些方面？诸如此类的问题都是教师会自然而然提出的。教师如果想了解并判断其教学的有效性，那么他/她必须从学生那里得到反馈。

通常情况下，评估包括三个步骤。首先，根据预期目标了解课程现状，也就是判断学生的初始水平，即我们更为熟知的预期课程的起点行为。教学目标的成效，应当依据起点行为来进行比较。同时，起点行为是评估任何教学成效的基础。其次，教学过程的评估也就是我们熟知的形成性评价，也尤为重要。在教学过程中，教师肯定会注意到学生是否真的在学习。而评估通常会发生在课程的最后，以此来评判教学效果，确定成效的程度以及改善提高下一个教学周期的课程。下图说明了上述过程。

图 20-1　教与学和评估的相互作用

教学评估是教学过程不可缺少的一部分，它为学校教学水平的提高和完善提供了反馈意见。教学评估包括如下步骤。

① 调查学生的起点行为

如前文所述，起点行为即学生的现阶段水平，包括他们的优势和劣势。教学需求应当依据起点行为来确定。

② 确定需求、设立目标

首先依据起点行为设立目标，并根据预期行为明确目标具体内容。具体目标事例已在每个核心价值观念下给出，它们就是要实现的目标。简言之，评估就是判断教学目标是否达成。此外，预期行为也可作为评估的判据。

③ 选择构建预期行为的概念

这里提及的概念包括核心价值观及其项下的态度和技能。作为一名教师，为帮助孩子建立某种特定行为，你需要事先选定一个概念来完成这项任务。

例如：一名教师想在他的课堂上教导分享和帮助行为。显然，这名教师需要尝试通过多种方法来提供相关知识、态度和技能，以建立"合作"这一概念。

④ 找出课程中的和平概念，建立预期行为，开展辅助性活动、课外活动

首先作为一名教师，完成教学目标是首要任务。但是，这并不妨碍教师在学校内开展其他层面的活动来实现其教育目标。

⑤ 实施评估

实施是最为重要的一个环节，已在前文中进行了详细讨论。

⑥ 准备评估工具

教师需通过一定的工具和措施，来评估其所选领域的教学效果。通常包括：

- 简短的笔试/口试
- 态度调查
- 清单、表格等观察工具
- 学生作业
- 采访
- 解决问题活动
- 供学生表达其真实想法的活动

评估可分为三个等级（非常满意、满意、不满意）或五个等级。评判必须客观、公正。

⑦ 评估

按照上述三个等级进行评估。需注意，过程性评价和形成性评价最为重要。实际上，评估并非教学之外的特殊活动，相反，评估应当很自然地融入教学过程中。

特定的学习结果基本上都反映出行为的改变。在和平或价值观教育中，教师需要密切关注学生的行为，因为学生行为的变化可能是间接性或延迟性的，即使是放弃某些行为模式或规范也表明了一种价值判断。

⑧ 利用评估来反馈、前馈和修订方案

在此提到的反馈是指通过相关补救措施来提高后进生的水平。前馈是指通过继续开发项目进一步帮助优等生继续拔高。修订则包括改善当前计划的质量。

结语

评估是任何教学课程不可缺少的一部分，对于不断提高和修正学校的教学水平至关重要，其重要性贯穿教学活动的始终。而和平教育是通过一开始确定好的预期行为来进行评估的。

思考与探究

❶ 明确班级在和平教育方面的需求。选定和平教育的概念，以此为基础在学生中建立预期行为。

❷ 选择一个核心的和平价值观，分析其包含的态度、次级价值观和行为技能。

课堂评估表

学校：_____   年级：_____

教师：_____   科目：_____

活 动	1	2	3	4
1. 教室布置				
1.1　分配学习互助小组				
1.2　学习资料收集				
1.3　排名表、装饰画、格言布置				
1.4　学生作业展示板				
1.5　教室行为准则展示				
1.6　适当分配学生任务				
2. 观察课堂进度				
2.1　采用儿童中心式/经验式学习方法				
2.2　课程循序渐进				
2.3　开展有趣、有创意的学习活动				
2.4　采用视听教具辅助教学				
2.5　对有需要的学生给予特别关注				
3. 和平教育方式				
3.1　完整的和平价值观				
3.2　从和平视角看待课程				
3.3　开展关于和平学习的活动				
3.4　采用和平方式管理课堂				
开展活动				
① _____				
② _____				

续表

活　动	1	2	3	4
4. 学生学习 　　4.1　主题内容充足 　　4.2　学生态度积极 　　4.3　学生参与到学习中 　　4.4　学生习得有用的技能 　　4.5　课程有助于自我发展 观察到的其他重要特征 　　① _____ 　　② _____				
合计				

总得分：_____/80（×100%）

指导教师评语：_____

课堂优势：

① _____

② _____

③ _____

④ _____

不足之处：

① _____

② _____

③ _____

④ _____

其他建议：_____

指导教师（签名）：_____

教师评价：_____

校园文化评估表

观察结果	1	2	3	4
1. 校园环境干净宜人				
2. 教室和礼堂布置得当				
3. 学生学习参与度高				
4. 师生互动礼貌友善				
5. 强调和平、道德价值和公民意识				
6. 学生身心愉悦,活力十足				
7. 教职工道德素质高				
8. 人人自律				
9. 课堂上会进行许多创造性活动				
10. 学校开展有趣的课外活动				
11. 很少有向教师或校长投诉争吵、矛盾和霸凌现象				
12. 教工持续发展计划				
13. 领导管理层乐于倾听创造性建议				
14. 有合作精神和责任精神				
15. 有富有成效的学校社区互动				
合计				

总得分:_____/60(×100%)

附录

联合国教科文组织和平教育课程开发区域研讨会总结陈词

（2001年1月3-5日，斯里兰卡科伦坡）

决议草案

研讨会与会人员

❶ 认识到教育在人们心中建立和平防线必须发挥的作用，了解和平与可持续发展的相互关系，这对于实现社会团结与和平共处的目标，以及在充满纷争冲突的世界中摆脱战争与暴力文化、迈向和平与非暴力文化来说至关重要。

❷ 认清对于人类未来的责任，认识到和平教育在履行这一责任方面起到的关键作用。

❸ 强调尊重人格、人权以及保护环境的核心价值观，贯彻此类核心价值观，通过终身的和平教育来实现和平、和谐及可持续发展目标。

❹ 充分发挥个人身体、心灵和精神的潜力，保持个人独特性（学会做人）。

❺ 强调在所有学校课程中优先设立和平教育方案。

❻ 认识到人类所有宗教信仰中所包含崇高理想的重要性，如仁爱、同情、友谊、慷慨、平等和正义等。

特此决定采取以下措施，在学校内外环境中培育价值观，养成良好的态度和行为习惯，以实现和平与非暴力这一全人类所珍视之理想：

❶ 重新确定教师培养方案，确保每位教师均可成为合格的和平教育工作者，具备专业水平。

❷ 设计学校课程、课外活动、仪式和庆祝活动，内化和平教育的概念和实践。

❸ 为学生编写相关文学作品，在醒目之处如公告牌和墙报上张贴和平格言，培育在校园内践行和平文化的意识。

❹ 采取措施惩戒并消除校园内任何形式的、明显或隐藏的暴力。

❺ 将和平教育纳入所有课程的编制、教学材料的编写，以及多媒体教学工具的设置。

❻ 开设国内外师生交流项目，促进和平教育。

❼ 建立南亚地区和平教育中心，旨在协调、促进和支持和平教育的研究、调查和创新。

❽ 督促学生学习责任和公民意识的概念，并付诸实践。

❾ 为学校管理人员提供和平教育学习的有利环境。

❿ 将培养冲突解决技能视作教育不可或缺的一部分。

⓫ 尊重社会多样性和多元化，理解并接受不同语言、文化和宗教。

⓬ 影响有关当局，确保大众媒体通过践行自身社会责任来实现和平教育的使命。

⓭ 促使学校建立校外非正式的和平教育促进机构，让家庭、民间组织和社区参与其中。

⓮ 与公共和私营部门的政策制定者和决策者协商，确保建立一个有利于和平建设的社会环境，以此助力校方工作。

⑮ 根据研讨会提议，编写一本手册。内容应包括教师和教师教育工作者在学校和教师教育机构所有科目中应采用的综合方法和应遵循的指导方针。（手册将于 2001 年 2 月 28 日前发给各成员国，以便尽快在南亚各成员国推行该模式）

⑯ 制定并执行和平教育方案的监测和评估机制，将其纳入新方案。

⑰ 鼓励各成员国政府制定相关政策，将和平教育方案制度化并加以实施。

⑱ 提出相关概念和方案，促进和平运动全球化。这些概念和方案将由联合国教科文组织成员国大会通过，并在各成员国实施。只有在全球范围内推广这种价值观、态度和行为，才能实现对人格、人权以及环境的尊重，而这正是促进全世界和平文化的基本要素。

⑲ 采取适当的短期、中期和长期战略，维系和平教育方案。

斯里兰卡科伦坡

2001 年 1 月 5 日

参考文献

- AVP Education Committee. *Alternative to violence project manual*. (Second Level Course.) 15, Rutherford Place, New York.

- Balasooriya, A.S. (1994) *Management of conflict in schools.* National Institute of Education, Maharagama.

- Balasooriya, A. S. (1994) *Teaching peace to children.* National Institute of Education, Maharagama Sri Lanka.

- Balasooriya, A.S. (1995) *Peace education:Learning activities.* National Institute of Education, Maharagama Sri Lanka.

- Balasooriya, A.S. (1997) *Values education*. 1674/1C 2nd Lane Malambe Road, Kottawa. Pannipitiya, Sri Lanka.

- Balasooriya, A.S. (1998) *New methods of teaching values*. 1674/1C 2nd Lane Malambe Road, Kottawa. Pannipitiya. Sri Lanka.

- Balasooriya, A.S. (2000) *Mediation process*. 1674/1C 2nd Lane Malambe Road, Kottawa. Pannipitiya, Sri Lanka.

- Balasooriya, A.S. (2000) *World peace through school.* (Script) National Institute of Education, Maharagama.

- Brandes, Donna (1982) *Gamester's handbook two*. Stanley Thrones Publishers Ltd. York University.

- Brandes, Donna and Howard Phillips (1977) *Gamester's handbook*. Stanley Thrones Publishers Ltd. York University.
- Brown, George (1971) *Human teaching for human learning.* Viking, New York.
- Coover, Virginia etal (1985) *Resource manual for living revolution*. New Society Publishers, 4722 Baltimore Avenue, Philadelphia P.A.
- Canfeid, Jack (1975) *101 ways to enhance self-concept in the classroom*. Prentice Hall, Engle Cliffs.
- Dewy, John (1916) *Democracy and education.* Free Press.
- Fountain, Susan (1988) *Learning together—Global education*. Stanley Thrones Publishers Ltd. York University.
- Herzog, Stephanie (1982) *Joy in the classroom*. University of the Tree Press Boulder Creek, California 5506.
- Kreidler, William, I. (1991) *Creative conflict resolution: More than 200 activities for keeping peace in the classroom*. Foreman, Scott, Glenview.
- Lawrence, D. (1987) *Enhancing self-esteem in the classroom*. Paul Chap Press. London.
- Maslow, Abraham II, (1968) *Towards a psychology of being*. Second Ed. Van Nostrand Reinholf.
- Pruzman, Priscilla etal (1988) *The friendly classroom for a small planet*. Program Fellowship of Reconciliation, New Society

Publishers Ltd. London.

- Pike, Graham and David Seiby (1993) *Global teacher—Global learner*. Hodder & Stoughton Ltd. London.
- Schmidt, Fran and Alice Friedman (1983) *Creative conflict solving for kids*. Grace Cotrino Abrams Peace Education Inc. P.O. Box 19-1153 Miami Beach FL 33119.

译名对照

A. S. Balasooriya	A. S. 巴拉索日亚
Abraham Lincoln	亚伯拉罕·林肯
Abraham Maslow	亚伯拉罕·马斯洛
Albert Einstein	阿尔伯特·爱因斯坦
Alice Friedman	爱丽丝·弗里德曼
Bennett Derby	贝内特·德比
Carl Rogers	卡尔·罗杰斯
Chief Seattle	酋长西雅图
Curt Lewin	库尔特·勒温
David Hicks	大卫·希克斯
Denis Westphall	丹尼斯·韦斯特法尔
E. Wallet	E. 沃乐特
Erik Erickson	埃里克·埃里克森
Federico Mayor	费德里科·马约尔
Florence Nightingale	弗洛伦斯·南丁格尔
Fran Schmidt	弗兰·施密特
Gandhi	甘地
Gwendolyn Y. Turner	格温多林·Y. 特纳

Helen Keller	海伦·凯勒
Helena Cornelius	海莲娜·柯尼利斯
Henry Thoreau	亨利·梭罗
J. Krishnamurti	J. 克里希那穆提
Jean Piaget	让·皮亚杰
Kalama Sutta	《卡拉玛经》
King Ashoka	阿育王
Kolb	科尔布
Lorraine Bayes	洛林·贝叶斯
Manu	摩奴
Maria Montessori	玛利亚·蒙台梭利
National Institute of Education, Sri Lanka	斯里兰卡国家教育学院
P. J. Hoffman	P. J. 霍夫曼
Prophet Mohammad	先知穆罕默德
R. D. Laing	R. D. 莱恩
Rberto Assagioli	罗伯特·阿沙吉奥利
Robin Montz	罗宾·蒙兹
Ross Stinger	罗斯·斯廷格
Rousseau	卢梭
Shoshana Faire	苏珊娜·费尔
Sidney Hook	悉尼·胡克
Sigalowada Sutta	《教诫新嘎喇经》
Sigmund Freud	西格蒙德·弗洛伊德

Singhalese	僧伽罗族
Soren Kierkegaard	索伦·克尔凯郭尔
Stephanie Herzog	斯蒂芬妮·赫尔佐格
Stomfay-Stitz	斯托法伊–斯蒂茨
Tanner	坦纳
the Dolor report	《德洛尔报告》
Theresa M. Bey	特雷萨·M. 贝
Thirukkural	《古拉尔箴言》
Tolstoy	托尔斯泰
UNICEF	联合国儿童基金会
Victor Weisskopf	维克托·魏斯科普夫
William Blake	威廉·布莱克